随笔典藏

人与永恒

周国平　著

浙江人民出版社

图书在版编目(CIP)数据

人与永恒 / 周国平著 . — 杭州 : 浙江人民出版社,
2015.8(2016.3 重印)
ISBN 978-7-213-06477-7

Ⅰ. ①人… Ⅱ. ①周… Ⅲ. ①随笔 - 作品集 - 中国 - 当代 Ⅳ. ① I267.1

中国版本图书馆 CIP 数据核字(2014)第 300448 号

书　　名	**人与永恒**
作　　者	周国平
出版发行	浙江人民出版社
	杭州市体育场路 347 号
责任编辑	张世琼
责任校对	戴文英
印　　刷	北京鹏润伟业印刷有限公司
开　　本	880mm × 1230mm　1/32
印　　张	8.5
字　　数	204 千字
版　　次	2015 年 8 月第 1 版
	2016 年 3 月第 3 次印刷
书　　号	**ISBN 978-7-213-06477-7**
定　　价	36.00 元

如发现图书质量问题,可联系调换。质量投诉电话: 010-82069336

目 录

作者的话

我的写作分两种情况。一种可称为专项写作，即围绕某个主题，写一个比较大的作品。这样的作品并不多，主要是学术著作和纪实文学两类。另一种可称为日常写作，亦包括两类。

一类是散文。或有感而发，或应约而作，写一些篇幅长短不一的文章，随时发表在报刊上，现在也发表在网络上。每隔若干年，文章积累到了一定数量，我就把它们结集出版。迄今为止共有5个散文集，即《守望的距离》(1996)、《各自的朝圣路》(1999)、《安静》(2002)、《善良丰富高贵》(2007)、《生命的品质》(2010；增补本，2012)。

另一类是随感。突发的感触，飘忽的思绪，随手记在纸片上，后来则是记在电脑的一个专门文档上。这样的东西以前是不发表的，现在会在微博上选登一些，也是积累到一定数量，我就加工整理，把它们结集出版。迄今为止共有4个随感集，即《人与永恒》(1988)、《风中的纸屑》（2006）、《碎句与短章》（2006；后更名《内在的从容》，2009）、《把心安顿好》（2011）。

其实，我最早出版的散文集是《只有一个人生》（1992），迄今已23年，其内容后来收在了《守望的距离》里。《人与永恒》的确是我出版的第一个随感集，迄今已27年。出最早的集子时，我何尝想到，它们会有后续，各带出了一个小小的系列。是的，小小的系列，20多年的日常写作，成绩不过如此，实在是应该惭愧的。

然而，更想不到的是，我的这些很平常的作品会受到读者如此热情的欢迎，20多年里不断地再版。其中，《守望的距离》和《各自的朝圣路》出了8版，《人与永恒》出了10版，当年的读者已经和我一同步入壮年乃至老年，而今天的年轻一代依然喜欢它们。对于一个作家来说，没有比这更令人欣慰的事了。当然，我清楚并不是我的作品有多么好，我能找到的唯一原因是，我所思考的人生问题和精神生活问题其实是每个人都面临的问题，时代变了，这些问题仍然存在，在某种意义上甚至显得更为迫切了。

在图书市场上，我的作品有多种不同的选编本。但是，按照时间顺序结集的完整版本只有这个5册一套的散文系列和4册一套的随感系列，有了这两套书，我的日常写作的作品就一网打尽了。这或许是它们第n次再版的一个理由吧。

周国平

2014年12月9日

三版序

事情往往有出人意料的。这本小书，是我随手写下的一些随感的结集，而那些随感，写的时候是根本没有想要发表的，不料出版以后，成了我最受欢迎的作品之一。许多年过去了，仍经常有读者热情地告诉我，他们是多么喜欢这本小书，都把它翻烂了，或者把其中的许多句子抄在了笔记本上。遇见有人问我最喜欢自己的什么书时，我也会脱口而出，报出这本小书。我自己喜欢它，是因为它完全是无意为之的产物，脑中闪过一个思绪，一点感想，我就随手记了下来，心态非常自由。它记录的仿佛是思想的原生态，而这样的原生态是存在于每一个感受着思考着的人的头脑里的，很容易引起联想、勾连、撞击、共鸣、惊疑，我想也许正因为此，也获得了读者的喜欢。

对于我自己来说，这本小书还具有一种纪念的意义。它是我出版的第二本书，稍晚于关于尼采的那本小册子。在那个时候，与我同时代的人一样，我沉浸在一种启蒙的氛围中，陶醉于思想的乐趣。我一面读和写尼采，一面写尼采式格言让自己读、让朋友读，真正是乐在其中。我从来都有随手记录思想片断的习惯，数那几年最为投入，于是有了这本小书。后来虽然仍在记录，但比起那几年就懒了许多，常常是忙于制作所谓正式的大块文章，怠慢了自发生长的点滴感思。仔细想想，我是怎样地抱了生西瓜丢了熟芝麻啊！

周国平

2005 年 11 月 29 日

二版序

我无意像培根那样，一生中时时把自己的格言集带在身边，不断地精雕细刻。原因很简单：我不是一个格言家，这本书也不是一部格言集，它不过是我平时随手记下的小感想的一个汇编罢了。此次再版，只做了若干删节和较多增补，章目有所添加，篇幅有所扩充，因为从初版至今，毕竟四年过去了，手头又有了一些积累。十年的积累仅成这么一本小书，我发现自己实在算不上一个勤快的人。

周国平

1991 年 10 月

一版序

这是我六年里随手写下的小杂感，每次写完就锁进抽屉，谁也不让看，没想到现在一下子摊在读者面前了。

我反正豁出去了。

有两样东西，我写时是决没有考虑发表的，即使永无发表的可能也是一定要写的，这就是诗和随感。前者是我的感情日记，后者是我的思想日记。如果我去流浪，只许带走最少的东西，我就带这两样。因为它们是我最真实的东西，有它们，我的生命线索就不致中断。

我的所感所思，不实际，也不深奥，多半是些空阔平易的人生问题，诸如生与死、爱与孤独之类。我的天性大约不宜做深奥的学问或实际的事务，却极易受这类大而无当的问题吸引和折磨，欲罢不能。我把我的理解和困惑都写了下来。我的理解听凭读者处置，我的困惑只属于我自己。

由于这些随感是许多年里陆续写下的，对同一问题难免有不同的说法，现在归类放到一起，也许会给人自相矛盾的印象。但我不想抹平这些矛盾，追求表面的统一。我想，人生种种大谜，谁也不可能找到最终的谜底。说不定每个谜都有无数个谜底，因而也就没有谜底。我的兴趣在猜谜，而当我每次似乎猜中了谜底，却发现真正的谜底似乎又离我后退了一步时，我就觉得这谜更加有趣了。

我把书中第一个题目和最后一个题目合并为全书的标题——人与永恒。在世间万物中，人是最大的谜。在人类心目中，永恒是最大的谜。两极之间又幻化出无穷的人生之谜，展现了人生意义探求的广阔领域。生与死、爱与孤独、真实、美、哲学与艺术、写作、天才、女人和男人，无不是人与永恒相沟通的形式或体验。当然，我不是在做玄学文章，书中收集的只是点滴感想。中国也许会出创建新体系的大哲学家，但我有自知之明，确信我非其人。倘若读者觉得我的某些感想不无道理，我的态度还算诚实，我的文字还算朴实，我就心满意足了。

周国平

1987 年 10 月

人

1

人是唯一能追问自身存在之意义的动物。这是人的伟大之处，也是人的悲壮之处。

“人是万物的尺度。”人把自己当作尺度去衡量万物，寻求万物的意义。可是，当他寻找自身的意义时，用什么作尺度呢？仍然用人吗？尺度与对象一样，无法衡量。用人之外的事物吗？人又岂肯屈从他物，这本身就贬低了人存在的意义。意义的寻求使人陷入二律背反。

2

也许，意义永远是不确定的。寻求生命的意义，所贵者不在意义本身，而在寻求，意义就寓于寻求的过程之中。

我们读英雄探宝的故事，吸引我们的并不是最后找到的宝物，而是探宝途中惊心动魄的历险情境。寻求意义就是一次精神探宝。

3

维持和繁衍生命是人的动物性，寻求生命的意义则是人的神性。但人终究不是神，所以，意义是一个悖论的领域。其中，生与死、爱与孤独是两项最大悖论。

4

人渴望完美而不可得，这种痛苦如何才能解除？

我答道：这种痛苦本身就包含在完美之中，把它解除了反而不完美了。

我心中想：这么一想，痛苦也就解除了。接着又想：完美也失去了。

5

在极其无聊的时候，有时我会突然想到造物主的无聊。是的，他一定是在最无聊而且实在忍受不下去的时候，才造出人来的。人是他的一个恶作剧，造出来替他自己解闷儿。他无休无止地活在一个无始无终的世界上，当然会无聊，当然需要解闷儿。假如我有造物主的本领，当我无聊时说不定也会造一些小生灵给自己玩玩。

6

让我换一种说法——

这是一个荒谬的宇宙，永远存在着、变化着，又永远没有意义。它为自身的无意义而苦闷。人就是它苦闷的产物。

所以，人的诞生，本身是对无意义的一个抗议。

7

在希腊神话中，造人的不是至高无上的神——宙斯，而是反抗宙斯的意图因而受到酷刑惩罚的普罗米修斯。这要比基督教的创世说包含更多的真理。人类的诞生是反抗上帝意志的结果。

8

自由，正义，美，真理，道德，爱，理想，进步……这一切美好的词眼，在人类心目中是一种安慰，由一位神的眼光看来却是一种讽刺。

9

人这脆弱的芦苇是需要把另一支芦苇想象成自己的根的。

10

我喜欢的格言：人所具有的我都具有——包括弱点。

我爱躺在夜晚的草地上仰望星宿，但我自己不愿做星宿。

11

有时候，我们需要站到云雾上来俯视一下自己和自己周围的人，这样，我们对己对人都不会太苛求了。

12

既然我们人人注定要下地狱，我们身上怎么会没有这样那样的弱点呢？当然，每人通往地狱的道路是不同的。

有时候，我对人类的弱点怀有如此温柔的同情，远远超过对优点的钦佩。那些有着明显弱点的人更使我感到亲切。

一个太好的女人，我是配不上的。她也不需要我，因为她有天堂等着她。可是，突然发现她有弱点，有致命的会把她送往地狱的弱点，我就依恋她了。我要守在地狱的门前，阻止她进去……

13

有时候，我会对人这种小动物忽然生出一种古怪的怜爱之情。他们像别的动物一样出生和死亡，可是有着一些别的动物无法想象的行为和嗜好。其中，最特别的是两样东西：货币和文字。这两样东西在养育他们的自然中一丁点儿根据也找不到，却使多少人迷恋了一辈子，一些人热衷于摆弄和积聚货币，另一些人热衷于摆弄和积聚文字。由自然的眼光看，那副热衷的劲头是同样可笑的！

14

没有一种人性的弱点是我所不能原谅的，但有的是出于同情，有的是出于鄙夷。

15

鼾声，响屁，饱嗝……这些声响之所以使人觉得愚蠢，是因为它们暴露了人动物性的一面。

16

希腊人混合兽性和神性而成为人。中国人排除兽性和神性而成为人。

17

给人带来最大快乐的是人，给人带来最大痛苦的也是人。

18

人是一种讲究实际的植物，他忙着给自己浇水、施肥、结果实，但常常忘记了开花。

19

心理学家们说:首先有欲望,然后才有禁忌。但事情还有另一面:首先有禁忌,然后才有触犯禁忌的欲望。犯禁也是人的一种无意识的本能,在儿童身上即可找出大量例证。

20

人在失去较差的之时,就去创造较好的。进步是逼出来的。

21

人是难变的。走遍天涯海角,谁什么样还是什么样,改变的只是场景和角色。

22

人不由自主地要把自己的困境美化,于是我们有了“怀才不遇”、“红颜薄命”、“大器晚成”、“好事多磨”等说法。

23

每个人的个性是一段早已写就的文字，事件则给它打上了重点符号。

24

肉体使人难堪不在于它有欲望，而在于它迟早有一天会因为疾病和衰老而失去欲望，变成一个奇怪的无用的东西。这时候，再活泼的精神也只能无可奈何地眼看着肉体衰败下去，自己也终将被它拖向衰败，与它同归于尽。一颗仍然生气勃勃的心灵却注定要为背弃它的肉体殉葬，世上没有比这更使精神感到屈辱的事情了。所谓灵与肉的冲突，唯在此时最触目惊心。

自然和生命

1

每年开春，仿佛无意中突然发现土中冒出了稚嫩的青草，树木抽出了小小的绿芽，那时候会有一种多么纯净的喜悦心情。记得小时候，在屋外的泥地里埋几粒黄豆或牵牛花籽，当看到小小的绿芽破土而出时，感觉到的也是这种心情。也许天下生命原是一家，也许我曾经是这么一棵树、一棵草，生命萌芽的欢欣越过漫长的进化系列，又在我的心里复苏了？

唉，人的心，进化的最高产物，世上最复杂的东西，在这小小的绿芽面前，才恢复了片刻的纯净。

2

现在，我们与土地的接触愈来愈少了。砖、水泥、钢铁、塑料和各种新型建筑材料把我们包围了起来。我们把自己关在宿舍或办公室的四壁之内。走在街上，我们同样被房屋、商店、建筑物和水泥路面包围着。我们总是活得那样匆忙，顾不上看看天空和土地。我们总是生活在眼前，忘掉了永恒和无限。我们已经不再懂得土地的痛苦和渴望，不再能欣赏土地的悲壮和美丽。

这熟悉的家、街道、城市，这熙熙攘攘的人群，有时候我会突然感到多么陌生，多么不真实。我思念被这一切覆盖着的永恒的土地，思念一切生命的原始的家乡。

3

久住城市，偶尔来到僻静的山谷湖畔，面对连绵起伏的山和浩渺无际的水，会感到一种解脱和自由。然而我想，倘若在此定居，与世隔绝，心境也许就会变化。尽管看到的还是同样的山水景物，所感到的却不是自由，而是限制了。

人及其产品把我和自然隔离开来了，这是一种寂寞。千古如斯的自然把我和历史隔离开来了，这是又一种寂寞。前者是生命本身的寂寞，后者是野心的寂寞。那种两相权衡终于承受不了前一种寂寞的人，最后会选择归隐。现代人对两种寂寞都体味甚浅，又都急于逃避，旅游业因之兴旺。

4

“生命”是一个美丽的词，但它的美被琐碎的日常生活掩盖住了。我们活着，可是我们并不是时时对生命有所体验的。相反，这样的时候很少。大多数时候，我们倒是像无生命的机械一样活着。

人们追求幸福，其实，还有什么时刻比那些对生命的体验最强烈最鲜明的时刻更幸福呢？当我感觉到自己的肢体和血管里布满了新鲜的、活跃的生命之时，我的确认为：此时此刻我是世上最幸福的人了。

5

痛苦和欢乐是生命力的自我享受。最可悲的是生命力的乏弱，既无欢乐，也无痛苦。

6

生命平静地流逝，没有声响，没有浪花，甚至连波纹也看不见，无声无息。我多么厌恶这平坦的河床，它吸收了任何感觉。突然，遇到了阻碍，礁岩崛起，狂风大作，抛起万丈浪。我活着吗？是的，这时候我才觉得我活着。

7

情欲是走向空灵的必由之路。本无情欲，只能空而不灵。

8

愈是自然的东西，就愈是属于我的生命的本质，愈能牵动我的至深的情感。例如，女人和孩子。

现代人享受的花样愈来愈多了。但是，我深信人世间最甜美的享受始终是那些最古老的享受。

9

最自然的事情是最神秘的，例如做爱和孕育。各民族的神话岂非都可以追溯到这个源头？

10

生命与生命之间互相吸引。我设想，在一个绝对荒芜、没有生命的星球上，一个活人即使看见一只苍蝇或一只老虎，也会产生亲切之感的。

11

文化是生命的花朵。离开生命本原，文化不过是人造花束，中西文化之争不过是绢花与塑料花之争。

12

文化是生命的表达形式。当文化不能表达生命，反而压抑生命的时候，生命的紧张感就增大。这时候，需要改变旧文化，创造新文化，以重新表达生命。但文化的改造不必从文化开始，有时候，直接表达生命的紧张感、危机感，这种表达本身就形成了一种新的文化。现代西方非理性主义文化就是这样形成的。

我们这里也开始大谈非理性主义了，但是，谈得何其轻松。我的朋友说得好："非理性主义本来是要表达生命的紧张感，现在我们却拿来加上中国的老庄、禅之类，调成一杯可笑之极的鸡尾酒，获得自我陶醉。"

13

我骑着自行车，视线越过马路上的车辆和行人，停留在傍晚深蓝色的天空上。多么深邃的蓝色啊！我的灵魂仿佛不由自主地投入这蓝色的宇宙之海，潜向无底的深渊。天色愈来愈浓，我愈潜愈深，明知没有生还的希望，却仍然放任自己下沉。

橘黄色的路灯，红绿灯，在深蓝色天空的背景下闪着鲜艳的光芒。色彩的魔力，色彩的梦。色彩的力量纯粹是魔术和梦幻的力量，它刺激眼睛，使人想入非非，被光的旋律催眠，陷入幻觉之中。

我想起了亚当斯的黑白摄影。那是另一种力量。除去了色彩的迷惑，物质世界直接呈现在眼前——不，毋宁说是展现在你的手下，视觉成了触觉的替代，你可以触摸到山岭的粗糙、流沙的细腻、树枝的坚硬、草叶的柔软。透过黑白摄影，你不是看到世界的幻象，而是摸到了质料本身。

14

旅游业发展到哪里，就败坏了哪里的自然风景。

我寻找一个僻静的角落，却发现到处都是广告喇叭、商业性娱乐设施和凑热闹的人群。

15

我皱着眉头。你问我想干什么，我想把天下发出噪音的金属器具，从刀锯斧刨，到机器马达，统统投进熔炉，然后铸成一座沉默的雕像。

16

游览名胜，我往往记不住地名和典故。我为我的坏记性找到了一条好理由——

我是一个直接面对自然和生命的人。相对于自然，地理不过是细节。相对于生命，历史不过是细节。

爱

1

爱的价值在于它自身，而不在于它的结果。结果可能不幸，可能幸福，但永远不会最不幸和最幸福。在爱的过程中间，才会有“最”的体验和想象。

2

爱情的发生需要适宜的情境。彼此太熟悉、太了解，没有了神秘感，就不易发生爱情。当然，彼此过于陌生和隔膜，也不能发生爱情。爱情的发生，在有所接触又不太稔熟之间，既有神秘感，又有亲切感，既能给想象力留出充分余地，又能使吸引力发挥到最满意的程度。

3

我不知道什么叫爱情。我只知道，如果那张脸庞没有使你感觉到一种甜蜜的惆怅，一种依恋的哀愁，那你肯定还没有爱。

4

人们常说，爱情使人丧失自我。但还有相反的情形：爱情使人发现自我。在爱人面前，谁不是突然惊喜地发现，他自己原来还有这么多平时疏忽的好东西？他渴望把自己最好的东西献给爱人，于是他寻找，他果然找到了。呈献的愿望导致了发现。没有呈献的愿望，也许一辈子发现不了。

5

与其说有理解才有爱，毋宁说有爱才有理解。爱一个人、一本书、一件艺术品，就会反复玩味这个人的一言一行，这本书的一字一句，这件作品的细枝末节，自以为揣摩出了某种深长意味，于是，“理解”了。

6

爱情是灵魂的化学反应。真正相爱的两人之间有一种“亲和力”,不断地分解,化合,更新。“亲和力”愈大,反应愈激烈持久,爱情就愈热烈巩固。

7

最强烈的爱都根源于绝望,最深沉的痛苦都根源于爱。

幸福是难的。也许,潜藏在真正的爱情背后的是深沉的忧伤,潜藏在现代式的寻欢作乐背后的是空虚。两相比较,前者无限高于后者。

8

一切终将黯淡,唯有被爱的目光镀过金的日子在岁月的深谷里永远闪着光芒。

9

爱情与事业,人生的两大追求,其实质为一,均是自我确认的方式。爱情是通过某一异性的承认来确认自身的价值,事业是通过社会的承认来确认自身的价值。

10

人在爱情中自愿放弃意志自由，在婚姻中被迫放弃意志自由。性是意志自由的天敌吗？

11

也许，性爱中总是交织着爱的对立面——恨，或者惧。拜伦属于前者，歌德属于后者。

12

情种爱得热烈，但不专一。君子爱得专一，但不热烈。此事古难全。不过，偶尔有爱得专一的情种，却注定没有爱得热烈的君子。

13

爱一个人，就是心疼一个人。爱得深了，潜在的父性或母性必然会参加进来。只是迷恋，并不心疼，这样的爱还只停留在感官上，没有深入到心窝里，往往不能持久。

14

凡正常人，都兼有疼人和被人疼两种需要。在相爱者之间，如果这两种需要不能同时在对方身上获得满足，便潜伏着危机。那惯常被疼的一方最好不要以为，你遇到了一个只想疼人不想被人疼的纯粹父亲型的男人或纯粹母亲型的女人。在这茫茫宇宙间，有谁不是想要人疼的孤儿？

15

爱就是对被爱者怀着一些莫须有的哀怜，做一些不必要的事情：怕她（或者他）冻着饿着，担心她遇到意外，好好地突然想到她有朝一日死了怎么办，轻轻地抚摸她，好像她是病人又是易损的瓷器。爱就是有做被爱者的保护人的冲动，尽管在旁人看来这种保护毫无必要。

16

“我爱你。”

“不，你只是喜欢我罢了。”她或他哀怨地说。

“爱我吗？”

“我喜欢你。”她或他略带歉疚地说。

在所有的近义词里，“爱”和“喜欢”似乎被掂量得最多，其间的差异被最郑重其事地看待。这时男人和女人都成了最一丝不苟的语言学家。

17

给爱情划界时不妨宽容一些，以便为人生种种美好的遭遇保留怀念的权利。

让我们承认，无论短暂的邂逅，还是长久的纠缠；无论相识恨晚的无奈，还是终成眷属的有情；无论倾注了巨大激情的冲突，还是伴随着细小争吵的和谐，这一切都是爱情。每个活生生的人的爱情经历不是一座静止的纪念碑，而是一道流动的江河。当我们回顾往事时，我们自己不必否认，更不该要求对方否认其中任何一段流程、一条支流或一朵浪花。

18

爱情不论短暂或长久，都是美好的。甚至陌生异性之间毫无结果的好感，定睛的一瞥，朦胧的激动，莫名的惆怅，也是美好的。因为，能够感受这一切的那颗心毕竟是年轻的。生活中若没有邂逅以及对邂逅的期待，未免太乏味了。人生魅力的前提之一是，新的爱情的可能性始终向你敞开着，哪怕你并不去实现它们。

19

我不相信人一生只能爱一次，我也不相信人一生必须爱许多次。次数不说明问题。爱情的容量即一个人的心灵的容量。你是深谷，一次爱情就像一道江河，许多次爱情就像许多浪花。你是浅滩，一次爱情只是一条细流，许多次爱情也只是许多泡沫。

20

不要以成败论人生，也不要以成败论爱情。

现实中的爱情多半是失败的，不是败于难成眷属的无奈，就是败于终成眷属的厌倦。然而，无奈留下了永久的怀恋，厌倦激起了常新的追求，这又未尝不是爱情本身的成功。

说到底，爱情是超越于成败的。爱情是人生最美丽的梦，你能说你做了一个成功的梦或失败的梦吗？

21

爱情既是在异性世界中的探险，带来发现的惊喜，也是在某一异性身边的定居，带来家园的安宁。但探险不是猎奇，定居也不是占有。可以说，好的爱情是双方以自由为最高赠礼的洒脱，以及决不滥用这一份自由的珍惜。

22

在崇拜者与被崇拜者之间隔着无限的距离，爱便是走完这个距离的冲动。一旦走完，爱也就结束了。

比较起来，以相互欣赏为基础的爱要牢靠得多。在这种情形下，距离本来是有限的，且为双方所乐于保持，从而形成了一个弹性的场。

23

性爱是人生之爱的原动力。一个完全不爱异性的人不可能爱人生。

24

人大约都这样：自己所爱的人，如果一定要失去，宁愿给上帝或魔鬼，也不愿给他人。

25

正像恋爱者夸大自己的幸福一样，失恋者总是夸大自己的痛苦。

在失恋的痛苦中，自尊心的受挫占了很大比重。

26

我爱她，她成了我的一切，除她之外的整个世界似乎都不存在了。

那么，一旦我失去了她，是否就失去了一切呢？

不。恰恰相反，整个世界又在我面前展现了。我重新得到了一切。

27

未经失恋的人不懂爱情，未曾失意的人不懂人生。

28

你是看不到我最爱你的时候的情形的，因为我在看不到你的时候才最爱你。

29

爱情是人生最美丽的梦。倘用理性的刀刃去解析梦，再美丽的梦也会失去它的美。弗洛伊德对梦和性意识的解析就破坏了不少生活的诗意。当然还有另一种情况：生活本身使梦破灭了，这时候，对梦做理性的反省，认清它的美的虚幻，其实是一种解脱的手段。我相信毛姆就属于这种情况。

30

心与心之间的距离是最近的，也是最远的。

到世上来一趟，为不多的几颗心灵所吸引、所陶醉，来不及满足，也来不及厌倦，又匆匆离去，把一点迷惘留在世上。

31

“生命的意义在于爱。”

“不，生命的意义问题是无解的，爱的好处就是使人对这个问题不求甚解。”

32

食欲引起初级革命，性欲引起高级革命。

33

一切迷恋都凭借幻觉，一切理解都包含误解，一切忠诚都指望报答，一切牺牲都附有条件。

孤　独

1

孤独源于爱，无爱的人不会孤独。

也许孤独是爱最意味深长的赠品，受此赠礼的人从此学会了爱自己，也学会了理解别的孤独的灵魂和深藏于它们之中的深邃的爱，从而为自己建立了一个珍贵的精神世界。

2

孤独是人的宿命，它基于这样一个事实：我们每个人都是这世界上一个旋生旋灭的偶然存在，从无中来，又要回到无中去，没有任何人任何事情能够改变我们的这个命运。

是的，甚至连爱也不能。凡是领悟人生这样一种根本性孤独的人，便已经站到了一切人间欢爱的上方，爱得最热烈时也不会做爱的奴隶。

3

和别人混在一起时，我向往孤独。孤独时，我又向往看到我的同类。但解除孤独毕竟只能靠相爱相知的人，其余的人扰乱了孤独，反而使人更感到孤独，犹如一种官能，因为受到刺激而更加意识到自己的存在。

孤独和喧嚣都难以忍受。如果一定要忍受，我宁可选择孤独。

4

每逢节日，独自在灯下，心中就有一种非常浓郁的寂寞，浓郁得无可排遣，自斟自饮生命的酒，别有一番酩酊。

人生作为过程总要逝去，似乎哪种活法都一个样。但就是不一样。我需要一种内在的沉静，可以以逸待劳地接收和整理一切外来印象。这样，我才觉得自己具有一种连续性和完整性。当我被过于纷繁的外部生活搅得不复安宁时，我就断裂了，破碎了，因而也就失去了吸收消化外来印象的能力。

世界是我的食物。人只用少量时间进食，大部分时间在消化。独处就是我在消化世界。

5

在静与闹、孤独与合群之间，必有一个适合于我的比例或节奏。如果比例失调，节奏紊乱，我就会生病——太静则抑郁，太闹则烦躁。抑郁使我成为诗人，烦躁使我成为庸人。

6

一个精神上自足的人是不会羡慕别人的好运气的，尤其不羡慕低能儿的好运气。

7

活动和沉思，哪一种生活更好？

有时候，我渴望活动，漫游，交往，恋爱，冒险，成功。如果没有充分尝试生命的种种可能性就离开人世，未免太遗憾了。但是，我知道，我的天性更适合于过沉思的生活。我必须休养我的这颗自足的心灵，唯有带着这颗心灵去活动，我才心安理得并且确有收获。

如果没有好胃口，天天吃宴席有什么乐趣？如果没有好的感受力，频频周游世界有什么意思？反之，天天吃宴席的人怎么会有好胃口？频频周游世界的人怎么会有好的感受力？

心灵和胃一样，需要休息和复原。独处和沉思便是心灵的休养方式。当心灵因充分休息而饱满，又因久不活动而饥渴时，它就能最敏锐地品味新的印象。

所以，问题不在于两者择一。高质量的活动和高质量的宁静都需要，而后者实为前者的前提。

8

外倾性格的人容易得到很多朋友，但真朋友总是很少的。内倾者孤独，一旦获得朋友，往往是真的。

9

健谈者往往耐不得寂寞，因为他需要听众。寡言者也需要听众，但这听众多半是他自己，所以他比较安于独处。

10

有的人只有在沸腾的交往中才能辨认他的自我。有的人却只有在宁静的独处中才能辨认他的自我。

11

没有自己独居的处所是多么可怕的事，一切都暴露无遗了。在群居中，人不得不掩饰和压抑自己的个性。在别人目光的注视下，谁还能坐在那里恬然沉思，捕捉和记录自己的细微感受。住宅危机导致了诗和哲学的生态危机。

12

学会孤独，学会与自己交谈，听自己说话——就这样去学会深刻。

当然前提是：如果孤独是可以学会的话。

13

获得理解是人生的巨大欢乐。然而，一个孜孜以求理解、没有旁人的理解便痛不欲生的人却是个可怜虫。

14

被人理解是幸运的，但不被理解未必就是不幸。一个把自己的价值完全寄托于他人的理解上面的人往往并无价值。

15

人与人之间的理解或不理解是命运，误会却是命运的捉弄。我坦然接受命运，但为命运的捉弄悲戚。

可是，何必表白呢？表白是理解的死亡证书。

16

知道痛苦的价值的人，不会轻易向别人泄露和展示自己的痛苦，哪怕是最亲近的人。

17

一个特立独行的人而又不陷于孤独，这怎么可能呢？然而，尽管注定孤独，仍然会感觉到孤独的可怕和难以忍受。上帝给了他一颗与众不同的灵魂，却又赋予他与普通人一样的对于人间温暖的需要，这正是悲剧性之所在。

18

说到底，在这世界上，谁的经历不是平凡而又平凡的？心灵历程的悬殊才在人与人之间铺下了鸿沟。

19

无聊、寂寞、孤独是三种不同的心境。

无聊是把自我消散于他人之中的欲望，它寻求的是消遣。寂寞是自我与他人共在的欲望，它寻求的是普通的人间温暖。孤独是把他人接纳到自我之中的欲望，它寻求的是理解。

无聊者自厌，寂寞者自怜，孤独者自足。

庸人无聊，天才孤独，人人都有寂寞的时光。

无聊是喜剧性的，孤独是悲剧性的，寂寞是中性的。

无聊属于生物性的人，寂寞属于社会性的人，孤独属于形而上的人。

20

心灵的孤独与性格的孤僻是两回事。

孤僻属于弱者，孤独属于强者。两者都不合群，但前者是因为惧怕受到伤害，后者是因为精神上的超群卓绝。

21

寂寞是决定人的命运的情境。一个人忍受不了寂寞，就寻求方便的排遣办法，去会朋友，谈天，打牌，看电视，他于是成为一个庸人。靠内心的力量战胜寂寞的人，必是诗人和哲学家。

22

老是听别人发表同样的见解和感叹，我会感到乏味。不过我知道，在别人眼里我也许更乏味，他们从我这里甚至连见解和感叹也听不到，我不愿重复，又拿不出新的，于是只把沉默给他们。与人共享沉默未免太古怪，所以，我躲了起来……

23

我天性不宜交际。在多数场合，我不是觉得对方乏味，就是害怕对方觉得我乏味。可是我既不愿忍受对方的乏味，也不愿费劲使自己显得有趣，那都太累了。我独处时最轻松，因为我不觉得自己乏味，即使乏味，也自己承受，不累及他人，无须感到不安。

24

一切交往都有不可超越的最后界限。在两个人之间，这种界限是不清晰的，然而又是确定的。一切麻烦和冲突都起于无意中想突破这个界限。但是，一旦这个界限清晰可辨并且严加遵守，那么，交往的全部魅力就丧失了,从此情感退场,理智维持着秩序。

25

在任何两人的交往中,必有一个适合于彼此契合程度的理想距离,越过这个距离,就会引起相斥和反感。这一点既适用于爱情,也适用于友谊。

也许,两个人之间的外在距离稍稍大于他们的内在距离,能使他们之间情感上的吸引力达到最佳效果。形式应当稍稍落后于内容。

实际上并非心心相印的人,倘若形影不离,难免会互相讨厌。

26

爱可以抚慰孤独,却不能也不该消除孤独。如果爱妄图消除孤独,就会失去分寸,走向反面。

分寸感是成熟的爱的标志,它懂得遵守人与人之间必要的距离,这个距离意味着对于对方作为独立人格的尊重,包括尊重对方独处的权利。

27

这是一个孤独的人。有一天,世上许多孤独的人发现了他的孤独,于是争着要同他交朋友。他困惑了:他们因为我的孤独而深信我是他们的朋友,我有了这么多朋友,就不再孤独,如何还有资格做他们的朋友呢?

28

你们围着他,向他喝彩,他惶恐不安了。你们哪里知道他心中的自卑,他的成就只是做出来给自己看的,绝没有料到会惊动你们。

29

“假如把你放逐到火星上去,只有你一个人,永远不能再回地球接触人类,同时让你长生不老,那时你做什么?”

“写作。”

“假如你的作品永远没有被人读到的希望?”

“自杀。”

30

我相信,一颗优秀的灵魂,即使永远孤独,永远无人理解,也仍然能从自身的充实中得到一种满足,它在一定意义上是自足的。但是,前提是人类和人类精神的存在,人类精神的基本价值得到肯定。唯有置身于人类中，你才能坚持对于人类精神价值的信念，从而有精神上的充实自足。优秀灵魂的自爱其实源于对人类精神的泛爱。如果与人类精神永远隔绝，譬如说沦入无人地带或哪怕是野蛮部落之中，永无生还的希望，思想和作品也永无传回人间的可能，那么，再优秀的灵魂恐怕也难以自足了。

31

孤独者必不合时宜。然而，一切都可以成为时髦，包括孤独。

32

语言是存在的家。沉默是语言的家。饶舌者扼杀沉默，败坏语言，犯下了双重罪过。

真　实

1

真实是最难的，为了它，一个人也许不得不舍弃许多好东西：名誉、地位、财产、家庭。但真实又是最容易的，在世界上，唯有它，一个人只要愿意，总能得到和保持。

2

人不可能永远真实，也不可能永远虚假。许多真实中一点虚假，或许多虚假中一点真实，都是动人的。最令人厌倦的是一半对一半。

3

一个人可以承认自己有种种缺点，但决不肯承认自己虚伪、不真诚。承认自己不真诚，这本身需要极大的真诚。有时候一个人似乎敢承认自己不真诚了，但同时又从这承认中获得非常的满足，觉得自己在本质上是多么真诚，比别人都真诚：你们不敢承认，我承认了！于是，在承认的同时，也就一笔抹杀了自己的不真诚。归根到底还是不承认。对虚伪的承认本身仍然是一种虚伪。

4

真正打动人的感情总是朴实无华的，它不出声，不张扬，埋得很深。沉默有一种特别的力量，当一切喧嚣静息下来后，它仍然在工作着，穿透可见或不可见的间隔，直达人心的最深处。

5

纯洁做不到，退而求其次——真实。真实做不到，再退而求其次——糊涂。可是郑板桥说：难得糊涂。还是太纯洁了。

6

一个人为了实现自我，必须先在非我的世界里漫游一番。但是，有许多人就迷失在这漫游途中了，沾沾自喜于他们在社会上的小小成功，不再想回到自我。成功使他们离他们的自我愈来愈远，终于成为随波逐流之辈。另有一类灵魂，时时为离家而不安，漫游愈久而思家愈切，唯有他们，无论成功失败，都能带着丰富的收获返回他们的自我。

7

我心中有一个声音，它是顽强的，任何权势不能把它压灭。可是，在日常的忙碌和喧闹中，它却会被冷落、遗忘，终于喑哑了。

在人生的舞台上，我们每个人都在忙忙碌碌地扮演自己的角色，比真的演员还忙，退场的时间更少。例如，我整天坐在这桌子前，不停地写，为出版物写，按照编辑、读者的需要写。我暗暗怀着一个愿望，有一天能抽出空来，写我自己真正想写的东西，写我心中的那个声音。可是，总抽不出时间。到真空下来的时候，我就会发现，我不知道自己真正想写什么，我心中的那个声音沉寂了，不知去向了。

别老是想，总有一天会写的。自我不是一个可以随意支使的侍从，你老是把它往后推，它不耐烦，一去不返了。

8

我要为自己定一个原则：每天夜晚，每个周末，每年年底，只属于我自己。在这些时间里，我不做任何履约交差的事情，而只读我自己想读的书，只写我自己想写的东西。如果不想读不想写，我就什么也不做，宁肯闲着，也决不应付差事。差事是应付不完的，唯一的办法是人为地加以限制，确保自己的自由时间。

9

那个在无尽的道路上追求着的人迷惘了。那个在无路的荒原上寻觅着的人失落了。怪谁呢？谁叫他追求，谁叫他寻觅！

无所追求和寻觅的人们，决不会有迷惘感和失落感，他们活得明智而充实。

10

我不想知道你有什么，只想知道你在寻找什么，你就是你所寻找的东西。

11

我们的内心经历往往是沉默的。讲自己不是一件随时随地可以进行的容易的事，它需要某种境遇和情绪的触发，一生难得有几回。那些喜欢讲自己的人多半是在讲自己所扮演的角色。

另一方面呢，我们无论讲什么，也总是在曲折地讲自己。

12

人不易摆脱角色。有时候，着意摆脱所习惯的角色，本身就是在不由自主地扮演另一种角色。反角色也是一种角色。

13

一种人不自觉地要显得真诚，以他的真诚去打动人并且打动自己。他自己果然被自己感动了。

一种人故意地要显得狡猾，以他的狡猾去魅惑人并且魅惑自己。他自己果然怀疑起自己来了。

14

潇洒就是自然而不做作，不拘束。然而，在实际上，只要做作得自然，不露拘束的痕迹，往往也就被当成了潇洒。

如今，潇洒成了一种时髦，活得潇洒成了一句口号。人们竞相做作出一种自然的姿态，恰好证明这是一个多么不自然的时代。

15

什么是虚假？虚假就是不真实，或者，故意真实。“我一定要真实！”——可是你已经在虚假了。

什么是做作？做作就是不真诚，或者，故意真诚。“我一定要真诚！”——可是你已经在做作了。

16

对于有的人来说，真诚始终只是他所喜欢扮演的一种角色。他极其真诚地进入角色，以至于和角色打成一片，相信角色就是他的真我，不由自主地被自己如此真诚的表演所感动了。

如果真诚为一个人所固有，是出自他本性的行为方式，他就决不会动辄被自己的真诚所感动。犹如血型和呼吸，自己甚至不可觉察，谁会对自己的血型和呼吸顾影自怜呢？（写到这里，发现此喻不妥，因为自从《血型与性格》、《血型与爱情》一类小册子流行以来，果然有人对自己的血型顾影自怜了。姑妄喻之吧。）

由此我获得了一个鉴定真诚的可靠标准，就是看一个人是否被自己的真诚所感动。一感动，就难免包含演戏和做作的成分了。

17

真正有独特个性的人并不竭力显示自己的独特，他不怕自己显得与旁人一样。那些时时处处想显示自己与众不同的人，往往是一些虚荣心十足的平庸之辈。

18

质朴最不容易受骗，连成功也骗不了它。

19

“以真诚换取真诚！”——可是，这么一换，双方不是都失去自己的真诚了吗？

20

真诚如果不讲对象和分寸，就会沦为可笑。真诚受到玩弄，其狼狈不亚于虚伪受到揭露。

21

文人最难戒的毛病是卖弄。说句公道话，文字本身就诱惑他们这样做。他们惯于用文字表达自己，而文字总是要给人看的，这就很容易使他们的表达变成一种表演，使他们的独白变成一种演讲。他们走近文字如同走近一扇面向公众的窗口，不由自主地要摆好姿势。有时候他们拉上窗帘，但故意让屋里的灯亮着，以便把他们的孤独、忧伤、痛苦等等适当地投在窗帘上，形成一幅优美的剪影。即使他们力戒卖弄，决心真实，也不能担保这诉诸文字的真实不是又一种卖弄。

22

这是一位多愁善感的作者，并且知道自己多愁善感，被自己的多愁善感所感动，于是越发多愁善感了。他在想象中看到读者感动的眼泪，自己禁不住也流下感动的眼泪，泪眼蒙眬地在稿纸上签下了自己的名字。

23

有做作的初学者，他其实还是不失真实的本性，仅仅在模仿做作。到了做作而不自知是做作，自己也动了真情的时候，做作便成了本性，这是做作的大师。

24

真诚者的灵魂往往分裂成一个法官和一个罪犯。当法官和罪犯达成和解时，真诚者的灵魂便得救了。

做作者的灵魂往往分裂成一个戏子和一个观众。当戏子和观众彼此厌倦时，做作者的灵魂便得救了。

25

角色在何处结束，真实的自我在何处开始，这界限常常是模糊的。有些角色仅是服饰，有些角色却已经和我们的躯体生长在一起，如果把它们一层层剥去，其结果比剥葱头好不了多少。

演员尚有卸妆的时候，我们生生死死都离不开社会的舞台。在他人目光的注视下，甚至隐居和自杀都可以是在扮演一种角色。

也许，只有当我们扮演某个角色露出破绽时，我们才得以一窥自己的真实面目。

26

刻意求真实者还是太关注自己的形象，已获真实者只是活得自在罢了。

27

在精神领域的追求中，不必说世俗的成功，社会和历史所承认的成功，即便是精神追求本身的成功，也不是主要的目标。在这里，目标即寓于过程之中，对精神价值的追求本身成了生存方式，这种追求愈执着，就愈是超越于所谓成败。一个默默无闻的贤哲也许更是贤哲，一个身败名裂的圣徒也许更是圣徒。如果一定要论成败，一个伟大的失败者岂不比一个渺小的成功者更有权被视为成功者？

哲　学

1

我剪除哲学的晦涩，为它嫁接上诗的含蓄。

2

有的人喜欢用哲学语汇表达日常的体验，我喜欢用日常语汇表达哲学的体验。

3

人们厌恶了大而无当的体系、言之无物的长文。

新鲜的感受有活泼的生命，硬要把它钉在体系的框架上，只成了死去的标本。深刻的哲理有含蓄之美，硬要把它溶解和稀释在长篇大论中，只剩下了一杯白开水。

哲学家在大海边漫步、沉思，把珠贝拾回家珍藏起来，却把灰色的海滩留给读者。

我听见大海在呼喊：还我珠贝！

4

无论东方还是西方，最古老的哲学作品都是格言体或诗歌体的。从什么时候起，哲学板起了论文的刻板面孔？

古希腊有隐逸哲人，有逍遥学派、花园学派，哲学家们在户外、在大自然中思考宇宙和人生。我猜想，哲学完全学院化、体系化是中世纪神学兴起以后的事情，随着哲学所追问的那个“绝对”化身为上帝被关进教堂的四壁，哲学家们也就作为上帝的仆人被关进了学院的四壁，专事构造体系以论证上帝的权威。上帝死了，但仆人积习难改，总要论证点什么。

5

我偏爱那些用随笔、格言、手记等散文形式写作的哲学家，我喜欢徜徉在哲学的散文天地里。这里较少独断的论证和说教，有更多的质朴和自然，更多的直觉和洞见。这里没有普洛克路斯忒斯之床，用不着为了体系的需要而拉长或截短活的感觉和思想。

如果说体系巨构犹如巍峨的哥特式教堂或现代摩天大楼，那么，好的哲理散文就像一片清新的原野，当我从前者步入后者时，顿觉精神爽朗，新鲜空气扑鼻而来。

我工作了一整天。我的工作是研究哲学，也就是说，对别人的思想进行搜集、整理、分析、评论，写出合乎规范的“论文”。现在我累了，我决定把夜晚留给自己，轻松地休息一下。于是，我翻开了蒙田的随笔，读上几页，或者翻开我的小本子，写下自己的随感。这当然不算研究哲学，可是我觉得自己比白天研究哲学时更像个哲学家了……

6

我于哲学一直是个闲人游客，凡见挂有“闲人莫入”、“游客止步”招牌的严肃去处，便知趣地规避。我怕那里面的气氛对我的健康和我的哲学均为不利。

7

有的人惯于从一小点感受演绎出一大篇玄妙的哲理。可惜的是，在这座他自己营造的哲学迷宫里，他自己也常常迷路，找不到充当他的向导的那一小点感受了。

8

新的哲学理论层出不穷。在我看来，其中只有很少的哲学，多半是学术。随着文明的进化，学术愈来愈复杂了，而哲学永远是单纯的。

9

我深信哲学家与艺术家是相通的。诗人的心灵，哲学家的头脑，这两样东西难道能够分开吗？对人生的强烈感受难道不是必然会导致对人生秘密的探索吗？艺术难道不就是对人生之谜的解答吗？艺术家和哲学家是气质相似的人，他们都是不实际、不世故的，进入他们视野的是人生和宇宙的大问题。

10

艺术与性，哲学与死，均有不解之缘。艺术用审美净化性的烦恼，哲学用智慧净化死的恐惧。但是，性的癫狂一方面给人以个体解体即死的体验，另一方面又是种族生命延续即抗拒死的唯一手段。所以，性兼是死和死的拯救。那么，艺术是否也兼是哲学和哲学的拯救呢？

11

诗借瞬时把握永恒。哲学想直接把握永恒，但做不到，最后只好向诗求援。

12

春天是诗人的季节，秋天是哲学家的季节。

13

哲学家生活在永恒中，诗人生活在瞬时中。他们都不会老。

14

当一颗敏感的心灵被根本性的疑问刺伤，因而寻求治疗的时候，它就会走向哲学。有一种不寻常的激情非人类脆弱的心灵所堪忍受，哲学是对这种激情的治疗。但是，治疗并非熄灭激情，使心灵归于冷漠麻痹。诗宣泄激情，哲学则把激情转向深沉的思考。

15

一个小女孩坐在洒满阳光的台阶上，眯缝着眼睛，一个朦胧的疑问在她的小脑瓜里盘旋："我怎么会到这世界上来的？"

我悄悄走过她的身旁，回到屋里，把所有的哲学书籍都藏了起来。

16

福克纳在加缪猝死那一年写道：加缪不由自主地把生命抛掷在探究唯有上帝才能解答的问题上了。其实，哲学家和诗人都是这样，致力于解开永无答案的人生之谜，因而都是不明智的。也许，对人来说，智慧的极限就在于认清人生之谜的无解，因而满足于像美国作家门肯那样宣布："我对人生的全部了解仅在于活着总是非常有趣的。"

17

正常人只关注有法可想的事情，哲学家总是关注无法可想的事情，二者的区别即在于此。

18

一种回避生命的悲剧性质的智慧无权称作智慧，只配称作生活的精明。

19

凡是有良好的哲学悟性的人，必定有过对于死亡的隐秘体验和痛苦觉悟。这种体悟实质上是一切形而上思考的源头，不从这源头流出的思考就绝非真正形而上的。因此，差不多可以把对死亡的体悟看作衡量一个人的哲学悟性的标志。

有的人很聪明，很有理解力，甚至也很真诚，但没有对死亡的体悟，你就很难和他作深入的哲学对话。

20

人们常说，哲学是时代精神的集中体现。其实，哲学与时代之间的关系决非这样简单。有时候，哲学恰好是非时代（永恒）、反时代（批判）的，它立足于永恒之根本，批判时代舍本求末的迷途倾向。

21

哲学不是公共事业，而是属于私人灵魂的事情。

任何一种哲学的核心都是非政治的，政治色彩仅是附着物。绝对，终极，永恒——怎么能是政治的呢？

22

哲学是一个产妇，从她腹中孕育出了一门门具体科学。哲学的每一次分娩都好像要宣告自己的末日，但哲学是永存的，这位多产的母亲一次次把自己的子女打发走，仿佛只是为了不受他们的搅扰，可以在宁静的独处中悠然思念自己的永恒情人——智慧。

23

仁者见仁，智者见智。哲学家从来就有“仁者”和“智者”两类，所以他们所“见”出的哲学也从来就有唯“仁”（人本主义）和唯“智”（科学主义）两派。

既然人性不能一律，为什么哲学倾向就非要一律呢？我主张哲学上的宽容。但宽容是承认对方的生存权利，而不是合流。

24

对哲学的相反理解：一种人把哲学看作广义逻辑学，其对象是思维；另一种人把哲学看作广义美学，其对象是心灵的体验。不断有人试图把这两种理解糅在一起，但结果总是不成功。

25

理性强的人研究自然，追求真，做科学家。意志强的人研究社会，追求善，做政治家。情感强的人研究人，追求美，做艺术家。

哲学家无非也分成这三类，何尝有纯粹的哲学家？

26

有艺术家，也有哲学家。有艺匠，却没有哲学匠。演奏、绘画如果够不上是艺术，至少还是手艺，哲学如果够不上是哲学，就什么也不是了。才能平庸的人靠演奏、绘画糊口，还不失为自食其力，靠哲学谋生却完全是一种寄生。

27

所谓哲学家包括四种截然不同的类型：政客型的哲学家把哲学当作谋权的手段，庸人型的哲学家把哲学当作饭碗，学者型的哲学家把哲学当作纯学术，真正的哲学家把哲学当作生命。

但是，真有政客型或庸人型的哲学家吗？圆的方！

28

可怜那些毫无哲学素养的人，一旦陷入哲学的泥坑，便无力自拔，只好在坑里搅动泥水，以证明他们也在从事哲学。

29

我不想与以哲学为职业的专家讨论哲学，宁愿与热爱哲学的门外汉交谈——但也不是谈哲学。

30

哲学和宗教是痛苦灵魂的收容所。许多人怀着无可排遣的生命的苦恼，终于在哲学和宗教中找到了寄托。

可是，倘若有人因此决心献身哲学，却是一种误会。这就好比病人因为患病，便自以为获得了当医生的资格一样。何况吃哲学饭其实与灵魂毫不相干，不过是社会上说空话最多挣钱最少的一种行当罢了。

我知道献身宗教是可能的，但也和社会上那些吃宗教饭的人无关。

31

有一种人，善于接近名人而不善于接近思想，其从事哲学的方式是结交哲学界名流，成果便是一串烜赫的名字。我不禁想：就算这些名人并非徒有其名，他们的哲学难道和伤寒一样也会传染吗？

32

常有人问：中国能不能出大哲学家？我想，中国现在尤其需要的是不受传统、习俗、舆论、教条束缚的自由灵魂，人生和社会问题的真诚的探索者，出不出大哲学家倒在其次。

33

非理性主义哲学的流行也许比理性主义更严重地败坏了人的非理性。

在理性主义时代，人的直觉、本能、情绪、体验不受重视，但也未受侵犯。这是一片原始森林，保持着非理性的自然面貌。自从非理性主义哲学兴起，哲学家们成群结队地闯入这个领域，没完没了地进行分析、解剖、砍伐，使非理性的感受丧失了其个人当下的独特性和生命的原始性，被符号化了，即理性化了。试问哪个时代像今天这样，有这么多哲学气十足的诗、小说、剧本、绘画、音乐？

34

关于现代西方哲学，人们知道些什么？一些人在糊里糊涂地受影响，另一些人又糊里糊涂地去批判，真是一笔糊涂账。所以，的确应该加以引导——不但对青年学生，而且对青年导师。

其实，现代西方的大思想家恰恰是现代西方社会的严肃批判者，他们对于西方文明的反省表明："全盘西化"是不足取的。因此，大可不必对现代西方思潮的引进感到神经紧张。

35

"什么是直觉？直觉就是创造性思维……"

许多时候，像这样用一个含义相近的名词代替另一个名词，人们就自以为做了解释，也自以为弄懂了。

36

做哲学家和读哲学系完全是两回事。哲学本质上只能自学，哲学家必定是自学成才的。如果说有老师，也仅是历史上的大哲人，他直接师事他们，没有任何中间环节。哲学系的学生中，有此自学能力的不足什一。

37

一般人追求可望也可即的东西，诗人追求可望不可即的东西，哲学家追求不可望也不可即的东西。

38

个人思维犹如人类思维一样，走着从混沌（感性）到分化（知性）到整合（理性）的路。但是，并非所有的人都能走到底的。有的人终生停留在第一阶段，其低能者成为可笑的老孩子，才高者成为艺术家。多数人在第二阶段止步，视其才能的高低而成为一知半解者或科学家。达到第三阶段的必是哲学家。

39

哲学家、诗人、音乐家、画家都有自己的行话。有时候，不同的行话说着同一个意思。有时候，同一种行话说着不同的意思。

隔行如隔山，但没有翻越不了的山头，灵魂之间的鸿沟却是无法逾越的。

我们对同行说行话，对朋友吐心声。

人与人之间最深刻的区分不在职业，而在心灵。

艺　术

1

每个人都有那种奇妙的瞬时的感觉，可是大部分人抓不住，日常琐屑生活的潮流把他们冲向前去了，他们来不及、顾不上去回味和体验。有些人抓住了，但不能赋予形式，表达不出来。只有少数人既能抓住，又能赋予形式。

人的感受性是天生的，因而也是容易的。最困难的是赋予自己的感受以适当的形式。天才与一般聪明人的区别就在于此。也正因为这个原因，许多人有很好的感受性，但其中只有极少数人为世界文化宝库提供了自己的东西。

2

有一种人，感受性甚好，知识面甚广，但一切都是碎片，没有能力把它们组织成一个活的躯体。

知识和感受诚然重要，但更重要的是要有驾驭它们的能力，善于赋予形式，否则一切都会白白流失。

3

质朴是大师的品格，它既体现在日常举止中，也体现在作品中。这是一种丰富的简洁，深刻的平淡，自信的谦虚，知道自己无须矫饰。相反，那些贫乏浅薄之辈却总是在言谈和作品中露出浮夸高深狂妄之态，因为不如此他们就无法使自己和别人相信他们也是所谓的艺术家。

4

只有质朴的东西才能真正打动心灵。浮夸的东西只会扰乱心灵。

5

把简单的事情说得玄妙复杂，或把复杂的东西说得简单明白，都是不寻常的本领。前者靠联想和推理，后者靠直觉和洞察。前者非聪明人不能为，能为后者的人则不但要聪明，而且要诚实。

6

托尔斯泰的伟大在于他那种异乎寻常的质朴和真实。与他相比，许多作家都太知识分子气了，哪怕写起平民来也是满口知识分子语言。托氏相反，他笔下的知识分子说的仍然是普通的语言，日常生活的语言。

事实上，人们历来用生活语言说话，用书本语言写书，已沿成习惯。用书本语言说话和用生活语言写书都是难事，前者非不可救药的书呆子不能为，后者非不可企及的大师不能为。

7

文字平易难，独特也难，最难的是平易中见出独特，通篇寻常句子，读来偏是与众不同。如此只可意会不可言传的独特，方可称作风格。

8

刻意求来的独特是平庸的另一副面孔，你会发现，它其实在偷偷地模仿，而它本身也是很容易被模仿和复制的。

真正的独特是不可模仿的。它看不见,摸不着,而你却感觉到它无处不在。它不是某些精心做出的姿态,而是贯穿作者全部作品的灵魂。这便是我所理解的风格。

9

好艺术家像好女人好男人一样,总那么纯,这是一种成熟的单纯,一种有深度有力度的单纯。他们能够不断地丰富自己,却又不为时代的五光十色所侵染,不为成败所动摇,耐得寂寞,也耐得喧嚣,始终保持本色。

10

艺术家所可追求的,无非生前的成功、死后的名声、创作的快乐三者。世事若转蓬,生前的成功究系偶然。人死万事空,死后的名声亦属无谓。唯有创作的快乐最实在,最可把握。艺术家是及时行乐之徒,他的乐便是创作的快乐,仅此一项已足以使他淡然于生前的成功和身后的名声了。

11

如今凡·高的一幅画的拍卖价高达数百万甚至数千万美元了,他在世时的全部生活费用还够不上做这个数字的一个小零头。

你愿意做凡·高，还是拍卖商？

我不相信你的回答。

12

毕生探索技巧，到技巧终于圆熟之时，生命也行将结束了。这是艺术大师的悲哀。

13

我能理解那些销毁自己不满意的作品的艺术家，他们的动机并非为己扬善掩恶，倒是因为爱美成癖。

14

凡缪斯，必永远漂泊。唯有法利赛人才有安居乐业的福气。

15

也许新鲜感大多凭借遗忘。一个人如果把自己的所有感觉都琢磨透并且牢记在心，不久之后他就会发现世上没有新鲜东西了。

艺术家是最健忘的人，他眼中的世界永远新鲜。

16

艺术家常常是不爱交际的，他太专注于内心了。在一般社交场合，他可能显得沉默寡言，心不在焉，因而在俗人眼中不是个有趣的人物。但不少人却把社交场合的活跃和有趣看作艺术气质的标志。

17

所谓艺术气质，其实包括两种全然不同的类型。一种是诗人气质，往往是忧郁型的。另一种是演员气质，往往是奔放型的。前者创造，后者模仿。

这里指的不是职业。事实上，有的诗人是演员气质的，他在模仿；有的演员是诗人气质的，他在创造。

18

叔本华说，艺术是人生的麻醉剂。尼采说，艺术是人生的兴奋剂。其实还不是一回事？酒既是麻醉剂，又是兴奋剂。艺术就是人生的酒。

至于它哪种作用更显著,则是因人而异的,就像不同体质的人对酒有不同的反应一样。

19

文学是人生感受的表达和人生画面的描绘,哲学是人生根本问题的体悟和思考,在这个意义上,文学与哲学是息息相通的,一个好的文学家不能没有哲学的素养。但是,当今文学界的时髦做法是搬弄哲学上的新概念、新术语,并且自以为这便是在追求文学创作和文学批评的哲学深度。此时此刻,我不禁要说:没有比伪哲学、坏哲学更加败坏文学的了。

20

当今批评界的时髦是沤制概念垃圾,然后一股脑儿倾倒在落入其视野的作品上。这般既不懂哲学又不懂艺术的低能儿,他们唯一的生存策略是在哲学家面前故作放诞,渲染假艺术的气质,在艺术家面前故作高深,玩弄伪哲学的术语。

21

我把散文划分为艺术品和工艺品两类。

在旅游地区，常有小摊贩出售千篇一律的劣质工艺品。在游记文学中亦然。

22

在西方，现代艺术（诗、画、音乐）的大师，往往一度曾是古典艺术的高手。可是据说在我们这里有许多天生的现代派。

23

有时候，艺术创作中的败笔反能提供一个契机，启示新的发现，发展出一种新的风格或流派来。有意写实，结果失败了，然而谁知道失实之处会不会是一种成功的变形呢？

也许，意识的失误，其实源于无意识中的真实。

那么，写实成功之作就是古典派作品，不成功之作就是现代派作品吗？别开玩笑！

24

对于真正的艺术家来说，艺术始终是目的本身，而爱情在客观上只成了手段。可是，当他坠入情网、身历其境时，他所爱的对象就是目的，艺术反倒好像成了手段。他歌唱、写作，把作品呈献给心中的偶像。

直到爱情消逝了，他的作品的真正价值才得以确立。

25

如果我是女人，我将乐意与艺术家交朋友，听他谈作品，发牢骚，讲疯话，但我决不嫁给他。读艺术家的作品是享受，和艺术家一起生活却是苦难。艺术家的爱情大多以不幸结束，责任决不在女人。他心中有地狱，没有人能够引他进入天堂。

26

女人推进艺术，未必要靠亲自创作。世上有一些艺术直觉极敏锐的奇女子，她们像星星一样闪烁在艺术大师的天空中。我想起了歌德和贝多芬的贝蒂娜，瓦格纳和罗曼·罗兰的梅森葆夫人，尼采和弗洛伊德的莎乐美，柴可夫斯基的梅克夫人。

27

当黑格尔称现代为“散文味的时代”时，他是把“散文”当作贬义词的。但是，这未必公正。散文的心境是一种孤寂、宁静、闲适的心境，有足够的光阴去回忆和遐想。好的散文总是散发出懒洋洋的气息。在我看来，独卧冬日向阳的山坡，或与好友炉边夜话，都是最适宜于散文诞生的情境。现代人却活得过于匆忙了，所以，现代缺乏好的散文。

从诗到散文再到论文是进化，但谁知道是否同时也是一种退化呢？

诗

1

诗的使命是唤醒感觉，复活语言。内感觉的唤醒即捕捉情绪，外感觉的唤醒即捕捉意象。复活语言，就是使寻常的词在一种全新的组合中产生不寻常的魅力。

所以，诗就是通过语言的巧妙搭配把情绪翻译成意象。

它有三重魅力：感觉的魅力，意象的魅力，语言本身的魅力。三者缺一，你就会觉得这首诗有点遗憾。

2

为什么要把情绪翻译成意象呢?

情绪本身缺乏语言,直接表述情绪的词都过于一般化或极端化,抹杀了其中丰富的细微差别。直抒情绪的诗,听起来不是空泛,就是浮夸。语言表达意象的可能性却要宽广得多。因此,诗人就通过设计一个独特的意象,来间接地再现和唤起一个独特的情绪。

3

诗的材料(词)和哲学的材料(范畴)都基本上是现成的。在诗中,借词的新的组合表达出对世界的一种新的感觉;在哲学中,借范畴的新的组合表达出对本体(道、绝对、终极价值)的一种新的领悟,都可算作创造了。

4

哲学和诗都孕育于神话的怀抱。神话是永恒的化身,她死了,留下了一双儿女。直到今天,哲学一醒来就谈论死去的母亲,诗一睡着就梦见死去的母亲。

5

神是人类童年时代的梦,诗是人类青年时代的梦。

可是,对于个体来说,事情似乎倒了过来:诗是青年人的梦,神是老年人的梦。

6

哲学是男性的,诗是女性的,二者不可分离。没有诗,哲学就只会结结巴巴发空论,成为蹩脚的清谈家。没有哲学,诗就只会絮絮叨叨拉家常,成为浅薄的碎嘴婆。

诗必须有哲学的深度。注意,是深度,而不是表相和姿态。我们爱善解男人心意的女子,可是谁爱一副男人相的女人呢?

7

诗人是守墓人兼盗墓人,看守着也发掘着人类语言的陵墓。

诗人用语言锁住企图逃逸的感觉,又在语言中寻找已经逃逸的感觉。他敲击每一块熟悉的语词的化石,倾听远古时代的陌生的回声。

8

在语言之家中，一切词都是亲属。然而，只有诗人才能发现似乎漠不相干的词之间的神秘的血缘关系。

9

音乐用天国的语言叙说天国的事情，诗用人间的语言叙说天国的事情。诗人痛苦了，因为俗人根据人间的事情来理解人间的语言，总是误解了诗人。音乐家可以免于此患，反正俗人听不懂天国的语言。

10

诗是语言的万花筒。

11

诗人也有他的调色板，词就是他的颜料。他借词的重新搭配创造出新的色彩。

单色总是有限的，本领在于调配。

诗才的测验：给你一百个最常用的词，用它们搭配出全新的效果。

12

诗的最大优点是凝练。它舍弃了一切过渡。它断裂,浓缩,结晶,在太阳下闪烁奇异的光。你给它不同的光源,它就闪射不同的光彩。每一双眼睛都是一个不同的光源。

13

诗应当单纯。不是简单,不是浅显,是单纯。单纯得像一滴露水,像处女的一片嘴唇。

诗直接诉诸感觉,太复杂了,就必须借助思维来分析,失去了鲜明的第一眼印象。

现在有些青年诗人的诗越写越复杂了,写诗时思维喧宾夺主,挤掉了感觉。也许原本就没有感觉。其末流只是在玩文字游戏,而且玩得不高明,游戏得无趣味。

14

我不是否定文字游戏。在某种意义上,诗的确是一种文字游戏。

健全的直觉是从事一切艺术活动的先决条件。在不同的人身上,它可以催放不同的艺术花朵,但也可能毫无结果。一个诗人除了这种直觉外,还必须具备对于语言本身的特殊兴趣,迷于搭配词句的游戏,否则决不能成为诗人。

15

我觉得长诗是一个误会。诗要捕捉的是活的感觉，而活的感觉总是很短的，稍纵即逝的，一长，难免用思想取代、冲淡这一点感觉。

16

写诗是一种练习把话说得简洁独特的方法。

17

我对散文吝啬了。诗是金币，散文是纸钞，哪个守财奴不想把他的财产统统兑成金币珍藏起来呢？

18

一首好诗写出来之前，往往会有一种焦虑不安的感觉，似乎知道已经有某种东西产生了，存在了，必须立即把它找到，抓住，否则就会永远消失。甚至有一种信念：连词句也已经存在于某个地方，那是独一无二、非此不可的词句，它躲藏着，问题是要把它找出来。最贴切的词句是找出来的，而不是造出来的。你一再尝试，配上不同的词眼，还是觉得不对劲。突然，你欣喜若狂了，一个准确无误的声音在你心里喊道："对，这就是我要找的！"

19

诗是找回那看世界的第一瞥。诗解除了因熟视无睹而产生的惰性，使平凡的事物回归到它新奇的初生状态。

20

诗无朦胧诗和清晰诗之分。是诗，就必然朦胧。

人的感觉和情绪原本就朦胧，清晰是逻辑化、简化的产物。诗正是要从逻辑的解剖刀下抢救活生生的感觉和情绪，还它们一个本来面貌。

当然，朦胧不是刻意追求晦涩。朦胧是再现真实的感受，晦涩是制造虚假的感觉。刻意追求晦涩的诗人往往并无真情实感，故意用非逻辑化的杂乱掩盖他的感觉的贫乏。他的真正家底不是感觉，而是概念，所以晦涩只是化了装的清晰。

21

诗不得不朦胧。诗通过词的搭配表达感觉，活的感觉都是一次性的，原则上不可复制，诗勉为其难，只好通过词的异乎寻常的搭配，借多义性暗示、包容这独一无二的感觉，借朦胧求准确。为了使不确定者（感觉）确定，只好使确定者（词）不确定。

22

拂晓和黄昏，光与影的巧妙配合，显示出色彩无穷无尽的细微差别。朦胧是美的。

可是，有人竟向大自然发号施令，不准朦胧，非要把一切景物放在正午的烈日下暴晒，让它们轮廓分明，只许保留黑白两色。

23

我相信新诗潮在文学史上会留下重要的一页。但是，真正留得下来的还是那些朴实的诗。诗贵朴实。许多新诗人的最大毛病是不朴实，他们在卖弄和显示，而不是在流露，想用标新立异的姿势、眼神、语调引人注意，这是小家子相。有大家风度的诗人即使写朦胧诗也可以写得很真、很朴实。

24

有一天,毫无诗意的干燥的晴空倾倒下阵雨一般的无数诗人。

我不知道写诗有什么诀窍。也许,最好的诀窍就是,不要以为你是个诗人。

25

每当我在灯下清点我的诗的积蓄时,我的心多么平静,平静得不像诗人。

我是我的感觉的守财奴。

26

这时代什么也不是,我永远是诗人。

我一无所有,但我有语言。

27

许多美丽的灵魂在世上昙花一现,留下了诗和艺术的花瓣。

28

诗属于天才，歌属于大众。根本不可能有大众喜闻乐见的诗。

29

台风的中心，喧嚣中的寂静，那里放置着诗和思想的摇篮。

30

诗人的灵感多半得自女人，可是懂他的作品的往往是男人。

诗人寻求什么？一个偶像，一个幻影，一个可以把内心的美感凝聚起来的光斑。碰巧这个偶像活起来，能够发出呼应，领会并且喜欢他的诗，这就是天赐的际遇了。

31

你为了表达情绪而写诗，后来就为了写诗而寻找情绪，制造情绪。你整天生活在情绪中，离开情绪就活不了。小心，别宠坏了你的情绪，别让情绪宠坏了你。

32

看了我的诗，你就了解我了吗？我的诗都那样忧郁，我就是一个忧郁的人了吗？在快乐的时候，我是不写诗的，你永远不能知道我的快乐有多么疯狂！

33

当我从别人的诗中发现一个我熟悉的但没有捕捉到的感觉或意象时，我嫉妒了——我失落了的，却被别人捕捉住了，就像垂钓时从我的钓钩上逃脱的鱼被别人钓到手了一样。

美

1

美是骚动不安的，艺术家却要使它静止。美是稍纵即逝的，艺术家却要使它永存。艺术家负有悲剧性的使命：去做不可能做到的事。

2

艺术家最易受美的诱惑，有最强烈的占有美的欲望。但美是占有不了的，因为占有就意味着美感的丧失。艺术家被这种无法满足的欲望逼到绝路，才走向艺术，以象征的方式来占有美。他是被逼上象牙塔的。

3

美的力量是可以致人死命的。美那样脆弱，那样稍纵即逝，可是它却能令人迷乱癫狂，赴汤蹈火，轻抛生命。在美面前，谁不想纵身一跳，与它合为一体，淹死在其中！天知道人的这种不可理喻的天性是从何而来的！

我想起了Lorelei的传说，真是深得美之三昧。

然而，做一个艺术家，却不能丢魂失魄地做美的奴隶，当然也不能无动于衷地对美旁观，他要驾驭美，赋予美以形式，形式是他的牛轭，他借此成为美的主人。

4

尽管美感的根源深植于性欲之中，可是当少年人的性欲刚刚来潮之时，他又会惊慌地预感到这股失去控制的兽性力量破坏了美感，因而出现性亢奋与性反感交错的心理。

对性欲的某种程度的压抑不仅是伦理的需要，也是审美的需要。美感产生于性与性压抑之间的平衡。

5

审美与功利的对立是一个经验的事实。凡是审美力锐利的人，对功利比较糊涂，而利欲熏心的人则对美不甚留意。有艺术气质的人在社会阅历方面大多处在不成熟的童稚状态。

硬要挖掘审美与功利的历史渊源关系是说明不了什么的。在太初混沌状态，在人类起源时代，何止审美，一切的一切都混为一体。劳动创造了人，于是也创造了人的一切，于是用劳动来说明一切，这种逻辑固然彻底，却未免太简单了一些。

6

从宇宙的角度看，美和道德都是没有根据的。宇宙既不爱惜美，也不讲求道德。美是人的心灵的一个幻影，道德是人的生存的一个工具。人是注定要靠药物来维持生命的一种生物，而美就是兴奋剂，道德就是镇静剂。

道德不仅为社会所需要，而且为人生所需要。如果人要为自己的生活寻找一个稳固的支点，就决不能寄希望于美。美是一片浮云，道德却在实践上提供了人与人之间的一种稳定的依赖关系，在心理上提供了一种安全感和自信心。

可是，某些人的天性注定他们是逃不脱美的陷阱的，对美的迷恋乃是他们先天的不治之症。

7

我喜欢奥尼尔的剧本《天边外》。它使你感到，一方面，幻想毫无价值，美毫无价值，一个幻想家总是实际生活的失败者，一个美的追求者总是处处碰壁的倒霉鬼；另一方面，对天边外的秘密的幻想，对美的憧憬，仍然是人生的最高价值，那种在实际生活中即使一败涂地还始终如一地保持幻想和憧憬的人，才是真正的幸运儿。

8

在孩子眼里，世界充满着谜语。可是，成人常常用千篇一律的谜底杀死了许多美丽的谜语。

这个世界被孩子的好奇的眼光照耀得色彩绚丽，却在成人洞察一切的眼睛注视下苍白失色了。

唉，孩子的目光，这看世界的第一瞥，当我们拥有它时，我们不知这是幸福，当我们悟到这是幸福时，我们已经永远失去它了。

9

一个漂亮女人能够引起我的赞赏，却不能使我迷恋。使我迷恋的是那种有灵性的美，那种与一切美的事物发生内在感应的美。在具有这种美的特质的女人身上，你不仅感受到她本身的美，而且通过她感受到了大自然的美，艺术的美，生活的美。因为这一切美都被她心领神会，并且在她的气质、神态、言语、动作中奇妙地表现出来了。她以她自身的存在增加了你眼中那个世界的美，同时又以她的体验强化了你对你眼中那个世界的美的体验。不，这么说还有点不够。事实上，当你那样微妙地对美发生共鸣时，你从她的神采中看到的恰恰是你对美的全部体验，而你本来是看不到、甚至把握不住你的体验的。这是多么激动人心呵，无意识的、因为难以捕捉和无法表达而令人苦恼的美感，她不是用语言，而是用她有灵性的肉体，用眼睛、表情、动作等等（这一切你都看得见）替你表达出来了。这就是魅力的秘密。

10

罂粟花，邪恶的光泽。恶赋予美以魅力，光泽赋予色彩以魅力。相形之下，只有色彩没有光泽的牡丹显得多么平庸。

11

在人的本能中，既有爱美、占有美的冲动，又有亵渎美、毁坏美的冲动。后一种冲动，也许是因为美无法真正占有而产生的一种绝望，也许是因为美使人丧失理智而产生的一种怨恨。

12

不纯净的美使人迷乱，纯净的美使人宁静。

女人身上兼有这两种美。所以，男人在女人怀里癫狂，又在女人怀里得到安息。

女人作为母亲，最接近大自然。大自然的美总是纯净的。

13

一个爱美的民族总是有希望的，它不会长久忍受丑陋的现实。最可悲的是整个民族对美和丑麻木不仁，置身于这样民族中的个别爱美的灵魂岂能不被绝望所折磨？

14

许多哲人都预言会有一个审美的时代。我也盼望这样的时代到来，但又想：也许，美永远属于少数人，时代永远属于公众，在任何时代，多数人总是讲究实际的。

15

有不同的丑。有的丑是生命力的衰竭，有的丑是生命力的扭曲。前者令人厌恶，后者却能引起一种病态的美感。现代艺术所表现的丑多属后者。

16

“奈此良夜何! ”——不但良夜，一切太美的事物都会使人感到无奈:这么美，叫人如何是好!

人　生

1

人生的一切矛盾都不可能最终解决，而只是被时间的流水卷走罢了。

2

人生中的有些错误也许是不应当去纠正的，一纠正便犯了新的、也许更严重的错误。

3

生命是短暂的。可是，在短暂的一生中，有许多时间你还得忍，忍着它们慢慢地流过去，直到终于又有事件之石激起生命的浪花。

人生中辉煌的时刻并不多，大多数时间都是在对这种时刻的回忆和期待中度过的。

4

人永远是孩子，谁也长不大，有的保留着孩子的心灵，有的保留着孩子的脑筋。谁也不相信自己明天会死，人生的路不知不觉走到了尽头，到头来不是老天真，就是老糊涂。

5

每个人都只有一个人生，她是一个对我们从一而终的女子。我们不妨尽自己的力量引导她，充实她，但是，不管她终于成个什么样子，我们好歹得爱她。

6

人生是一场无结果的试验。因为无结果，所以怎样试验都无妨。也因为无结果，所以怎样试验都不踏实。

7

有人说，人生到处是陷阱，从一个陷阱跳出来，又掉入了另一个陷阱里。

可是，尽管如此，你还是想跳，哪怕明知道另一个更深的陷阱在等着你。最不能忍受的是永远待在同一个陷阱里。也许，自由就寓于跳的过程中。

8

人人都在写自己的历史，但这历史缺乏细心的读者。我们没有工夫读自己的历史，即使读，也是读得何其草率。

9

对于人生，我们无法想得太多太远。那越过界限的思绪终于惘然不知所之，不得不收回来，满足于知道自己此刻还活着，对于今天和明天的时光做些实际的安排。

10

历史是无情的，数十年转了个小小的弯子，却改变了个人的一生。历史可以重新纳入轨道，人生却不可能从头开始了。所谓历史的悲剧，牺牲掉的是无数活生生的个人。

11

有的人总是在寻找，凡到手的，都不是他要的。有的人从来不寻找，凡到手的，都是他要的。

各有各的活法。究竟哪种好，只有天知道。

12

只有一次生命，做什么都可惜了，但总得做点什么。于是，我们做着微不足道的事情。

13

在人生的某个时期，行动的愿望是如此强烈，一心打破现状，改变生活，增加体验，往往并不顾忌后果是正是负，只要绝对数字大就行。

14

在有些人眼里，人生是一碟乏味的菜，为了咽下这碟菜，少不了种种作料，种种刺激。他们的日子过得真热闹。

15

假如海洋上那一个个旋生旋灭的泡沫有了意识，它们一定会用幻想的彩虹映照自己，给自己涂上绚丽的颜色，它们一定会把自己的迸裂想象成一种悲壮的牺牲，觉得自己是悲剧中的英雄。我赞美这些美丽而崇高的泡沫。

16

梦是虚幻的，但虚幻的梦所发生的作用却是完全真实的。弗洛伊德业已证明了这一点。美、艺术、爱情、自由、理想、真理，都是人生的大梦。如果没有这一切梦，人生会是一个什么样子啊!

17

敏感与迟钝殊途同归。前者对人生看得太透，后者对人生看得太浅，两者得出相同的结论：人生没有意思。

要活得有意思，应该在敏感与迟钝之间。

18

最凄凉的不是失败者的哀鸣，而是成功者的悲叹。在失败者心目中，人间尚有值得追求的东西：成功。但获得成功仍然悲观的人，他的一切幻想都破灭了，他已经无可追求。失败者仅仅悲叹自己的身世；成功者若悲叹，必是悲叹整个人生。

19

在社交场合我轻易不谈人生。只要一听到那些空洞的感叹，我就立即闭口。试想，朋友们一边啃着鸡腿，一边谈论人生的虚无，有多么可笑。越是严肃的思想，深沉的情感，就越是难于诉诸语言。大音稀声。这里甚至有一种神圣的羞怯，使得一个人难于启齿说出自己最隐秘的思绪，因为它是在默默中受孕的，从来不为人所知，于是便像要当众展示私生子一样的难堪。

20

在这个世界上，一个人重感情就难免会软弱，求完美就难免有遗憾。也许，宽容自己这一点软弱，我们就能坚持；接受人生这一点遗憾，我们就能平静。

21

命运是不可改变的，可改变的只是我们对命运的态度。

22

人生没有一个终极背景，这一点既决定了人生的荒谬性，又决定了人的自由。犹如做梦，在梦中一切都是荒谬的，一切又都可以随心所欲。当然，只有知道自己是在做梦的人才能够随心所欲。但在梦中知道自己是在做梦的人太少了。所以，一般人既不感到人生是荒谬的，也不知道自己是自由的。就后者来说，他们是不幸的。就前者来说，他们又是幸运的。

23

人生的内容: a+b+c+d+……

人生的结局: 0

人生的意义: (a+b+c+d+……) × 0=0

尽管如此, 人仍然想无限制地延长那个加法运算, 不厌其长。这就是生命的魔力。

24

目的只是手段, 过程才是目的。对过程不感兴趣的人, 是不会有生存的乐趣的。

25

人生的终点是死, 是虚无, 在终点找不到意义。于是我们只好说: 意义在于过程。然而, 当过程也背叛我们的时候, 我们又把眼光投向终点, 安慰自己说: 既然结局都一样, 何必在乎过程?

26

生命纯属偶然，所以每个生命都要依恋另一个生命，相依为命，结伴而行。

生命纯属偶然，所以每个生命都不属于另一个生命，像一阵风，无牵无挂。

每一个问题至少有两个相反的答案。

27

近代浪漫哲人多从诗走向神，但他们终究是诗人，而不是神学家。神，不过是诗的别名。

人生要有绝对意义，就必须有神，因为神就是绝对的同义词。但是，必须有，就真有吗？人生的悲剧岂不正在于永远寻找又永远找不到那必须有的东西？

28

我不相信一切所谓人生导师。在这个没有上帝的世界上，谁敢说自己已经贯通一切歧路和绝境，因而不再困惑，也不再需要寻找了？

至于我，我将永远困惑，也永远寻找。困惑是我的诚实，寻找是我的勇敢。

29

在这世界上，谁真正严肃地生活着？难道是那些从不反省人生的浅薄之辈，哪怕他们像钟表一样循规蹈矩，像石像一样不苟言笑，哪怕他们是良民、忠臣、孝子、好丈夫、好父亲？

在我看来，对自己的生命不负责任，就无严肃可言，平庸就是最大的不严肃。

30

狂妄的人自称命运的主人，谦卑的人甘为命运的奴隶。除此之外还有一种人，他照看命运，但不强求，接受命运，但不卑怯。走运时，他会揶揄自己的好运。倒运时，他又会调侃自己的厄运。他不低估命运的力量，也不高估命运的价值。他只是做命运的朋友罢了。

31

塞涅卡说：愿意的人，命运领着走；不愿意的人，命运拖着走。他忽略了第三种情况：和命运结伴而行。

32

习惯的定义:人被环境同化,与环境生长在一起,成为环境的一部分。所谓环境,包括你所熟悉的地方、人、事业。在此状态下,生命之流失去落差,渐趋平缓,终成死水一潭。

那么,为了自救,告别你所熟悉的环境吧,到陌生的地方去,和陌生的人来往,从事陌生的事业。

人一生中应当有意识地变换环境。能否从零开始,重新开创一种生活,这是测量一个人心灵是否年轻的可靠尺度。

幸福和痛苦

1

幸福的和不幸的人呵，仔细想想，这世界上有谁是真正幸福的，又有谁是绝对不幸的？！

2

幸福是有限的，因为上帝的赐予本来就有限。痛苦是有限的，因为人自己承受痛苦的能力有限。

3

幸福属于天国,快乐才属于人间。

4

幸福是一个抽象概念,从来不是一个事实。相反,痛苦和不幸却常常具有事实的坚硬性。

5

幸福是一种一开始人人都自以为能够得到,最后没有一个人敢说已经拥有的东西。

6

幸福和上帝差不多,只存在于相信它的人心中。

7

幸福喜欢捉迷藏。我们年轻时,它躲藏在未来,引诱我们前去寻找它。曾几何时,我们发现自己已经把它错过,于是回过头来,又在记忆中寻找它。

8

聪明人嘲笑幸福是一个梦,傻瓜到梦中去找幸福,两者都不承认现实中有幸福。看来,一个人要获得实在的幸福,就必须既不太聪明,也不太傻。人们把这种介于聪明和傻之间的状态叫作生活的智慧。

9

幸福是一个心思诡谲的女神,但她的眼光并不势利。权力能支配一切,却支配不了命运。金钱能买来一切,却买不来幸福。

10

一切灾祸都有一个微小的起因,一切幸福都有一个平庸的结尾。

11

欢乐与欢乐不同，痛苦与痛苦不同，其间的区别远远超过欢乐与痛苦的不同。对于沉溺于眼前琐屑享受的人，不足与言真正的欢乐。对于沉溺于眼前琐屑烦恼的人，不足与言真正的痛苦。

12

逝去的感情事件，无论痛苦还是欢乐，无论它们一度如何使我们激动不宁，隔开久远的时间再看，都是美丽的。我们还会发现，痛苦和欢乐的差别并不像当初想象的那么大。欢乐的回忆夹着忧伤，痛苦的追念掺着甜蜜，两者又都同样令人惆怅。

13

对于一个视人生感受为最宝贵财富的人来说，欢乐和痛苦都是收入，他的账本上没有支出。这种人尽管敏感，却有很强的生命力，因为在他眼里，现实生活中的祸福得失已经降为次要的东西，命运的打击因心灵的收获而得到了补偿。陀思妥耶夫斯基在赌场上输掉的，却在他描写赌徒心理的小说中极其辉煌地赢了回来。

14

只要生存本能犹在，人在任何处境中都能为自己编织希望，哪怕是极可怜的希望。陀思妥耶夫斯基笔下的终身苦役犯，服刑初期被铁链拴在墙上，可他们照样有他们的希望：有朝一日能像别的苦役犯一样，被允许离开这堵墙，戴着脚镣走动。如果没有任何希望，没有一个人能够活下去。即使是最彻底的悲观主义者，他们的彻底也仅是理论上的，在现实生活中，生存本能仍然驱使他们不断受小小的希望鼓舞，从而能忍受这遭到他们否定的人生。

15

健康是为了活得愉快，而不是为了活得长久。活得愉快在己，活得长久在天。

而且，活得长久本身未必是愉快。

16

世人把人生的归宿安排在晚年，竟然把安度晚年看作一种幸福。一本即将焚毁的书，何必去操心它有没有一张光滑的封底呢？

17

痛苦使人深刻，但是，如果生活中没有欢乐，深刻就容易走向冷酷。未经欢乐滋润的心灵太硬，它缺乏爱和宽容。

18

请不要责备“好了伤疤忘了疼”。如果生命没有这样的自卫本能，人如何还能正常地生活，世上还怎会有健康、勇敢和幸福？

古往今来，天灾人祸，留下过多少伤疤，如果一一记住它们的疼痛，人类早就失去了生存的兴趣和勇气。人类是在忘却中前进的。

19

喜欢谈论痛苦的往往是不识愁滋味的少年，而饱尝人间苦难的老年贝多芬却唱起了欢乐颂。

20

生命连同它的快乐和痛苦都是虚幻的——这个观念对于快乐是一个打击，对于痛苦未尝不是一个安慰。

21

人生的重大苦难都起于关系。对付它的方法之一便是有意识地置身在关系之外，和自己的遭遇拉开距离。例如，在失恋、亲人死亡或自己患了绝症时，就想一想恋爱关系、亲属关系乃至自己的生命的纯粹偶然性，于是获得一种类似解脱的心境。佛教的因缘说庶几近之，然而，毕竟身在其中，不是想跳就能跳出来的。无我的空理易明，有情的尘缘难断。认识到因缘的偶然是一回事，真正看破因缘又是一回事。所以，佛教要建立一套烦琐复杂的戒律，借以把它的哲学观念转化为肉体本能。

22

对于人生的苦难，除了忍，别无他法。一切透彻的哲学解释不能改变任何一个确凿不移的灾难事实。例如面对死亡，最好的哲学解释也至多只能解除我们对于恐惧的恐惧，而不能解除恐惧本身，因为这后一层恐惧属于本能，我们只能带着它接受宿命。

23

定理一：人是注定要忍受不可忍受的苦难的。由此推导出定理二：所以，世上没有不可忍受的苦难。

24

人得救不是靠哲学和宗教，而是靠本能。正是生存本能使人类和个人历尽劫难而免于毁灭。各种哲学和宗教的安慰也无非是人类生存本能的自勉罢了。

25

人天生是软弱的，唯其软弱而犹能承担起苦难，才显出人的尊严。

我厌恶那种号称铁石心肠的强者，蔑视他们一路旗开得胜的骄横。只有以软弱的天性勇敢地承受着寻常苦难的人们，才是我的兄弟姐妹。

26

我们不是英雄。做英雄是轻松的，因为他有净化和升华。做英雄又是沉重的，因为他要演戏。我们只是忍受着人间寻常苦难的普通人。

27

幸福的反面是灾祸，而非痛苦。痛苦中可以交织着幸福，但灾祸绝无幸福可言。另一方面,痛苦的解除未必就是幸福,也可能是无聊。可是,当我们从一个灾祸中脱身出来的时候,我们差不多是幸福的了。

“大难不死,必有后福。”其实,“大难不死”即福,何须乎后福?

28

离一种灾祸愈远,我们愈觉得其可怕,不敢想象自己一旦身陷其中会怎么样。但是,当我们真的身陷其中时,犹如落入台风中心,反倒有了一种意外的平静。我们会发现,人的忍受力和适应力是惊人的,几乎能够在任何境遇中活着,或者——死去,而死也不是不能忍受和适应的。

29

对于别人的痛苦,我们的同情一开始可能相当活跃,但一旦痛苦持续下去,同情就会消退。我们在这方面的耐心远远不如对于别人的罪恶的耐心。一个我们不得不忍受的别人的罪恶仿佛是命运,一个我们不得不忍受的别人的痛苦却几乎是罪恶了。

我并非存心刻薄,而是想从中引出一个很实在的结论:当你遭受巨大痛苦时,你要自爱,懂得自己忍受,尽量不用你的痛苦去搅扰别人。

30

面对无可逃避的厄运和死亡，绝望的人在失去一切慰藉之后，总还有一个慰藉，便是在勇敢承受命运时的尊严感。由于降灾于我们的不是任何人间的势力，而是大自然本身，因此，在我们的勇敢中体现出的乃是人的最高尊严——人在神面前的尊严。

31

痛苦是性格的催化剂，它使强者更强，弱者更弱，暴者更暴，柔者更柔，智者更智，愚者更愚。

超　脱

1

“不为无益之事，何以遣有涯之生”，明白这一道理的人可谓已经得道，堪称智者了。多数人恰好相反，他们永远自诩在为有益之事，永远不知生之有涯。

2

没有空玩儿，没有空看看天空和大地，没有空看看自己的灵魂……我的回答是：永远没有空——随时都有空。

3

你说,得活出个样儿来。我说,得活出个味儿来。名声地位是衣裳,不妨弄件穿穿。可是,对人对己都不要衣帽取人。衣裳换来换去,我还是我。脱尽衣裳,男人和女人更本色。

4

“距离说”对艺术家和哲学家是同样适用的。理解与欣赏一样,必须同对象保持相当的距离,然后才能观其大体。不在某种程度上超脱,就决不能对人生有深刻见解。

5

物质的、社会的、世俗的苦恼太多,人就无暇有存在的、哲学的、宗教的苦恼。日常生活中的琐屑限制太多,人就不易感觉到人生的大限制。我不知道这值得庆幸,还是值得哀怜。

6

人生了病,会变得更有人情味一些的。一方面,与种种事务疏远了，功名心淡漠了，纵然是迫不得已，毕竟有了一种闲适的心境。另一方面，病中寂寞，对亲友的思念更殷切了，对爱和友谊的体味更细腻了。疾病使人更轻功利也更重人情了。

7

“四十而不惑”新解。四十岁到了人生的中途，一个人开始实在地感觉到来日不多，意识到人生的大限了。“大限”意识足以使人解除诱惑，看淡一切荣辱是非得失，保持超然的宁静心境。

8

我们总是以为，已经到手的东西便是属于自己的，一旦失去，就觉得蒙受了损失。其实，一切皆变，没有一样东西能真正占有。得到了一切的人，死时又交出一切。不如在一生中不断地得而复失，习以为常，也许能更为从容地面对死亡。

另一方面，对于一颗有接受力的心灵来说，没有一样东西会真正失去。

9

我失去了的东西，不能再得到了。我还能得到一些东西，但迟早还会失去。我最后注定要无可挽救地失去我自己。既然如此，我为什么还要看重得与失呢？到手的一切，连同我的生命，我都可以拿它们来做试验，至多不过是早一点失去罢了。

10

自古以来，一切贤哲都主张过一种俭朴的生活，以便不为物役，保持精神的自由。

事实上，一个人为维持生存和健康所需要的物品并不多，超乎此的属于奢侈品。它们固然提供享受，但更强求服务，反而成了一种奴役。

现代人是活得愈来愈复杂了，结果得到许多享受，却并不幸福，拥有许多方便，却并不自由。

11

一切外在的欠缺或损失，包括名誉、地位、财产等等，只要不影响基本生存，实质上都不应该带来痛苦。如果痛苦，只是因为你在乎，愈在乎就愈痛苦。只要不在乎，就一根毫毛也伤不了。

12

守财奴的快乐并非来自财产的使用价值，而是来自所有权。所有权带来的心理满足远远超过所有物本身提供的生理满足。一件一心盼望获得的东西,未必要真到手,哪怕它被放到月球上,只要宣布它属于我了,就会产生一种愚蠢的欢乐。

13

人一看重机会,就难免被机会支配。

14

执着是惑,悲观何尝不是惑?因为看破红尘而绝望、厌世乃至轻生,骨子里还是太执着,看不破,把红尘看得太重。这就好像一个热恋者急忙逃离不爱他的心上人一样。真正的悟者则能够从看破红尘获得一种眼光和睿智,使他身在红尘也不被红尘所惑,入世仍保持着超脱的心境。假定他是那个热恋者,那么现在他已经从热恋中解脱出来,对于不爱他的心上人既非苦苦纠缠,亦非远远躲避,而是可以平静地和她见面了。

15

一个人热爱人生便不能不执着,洞察人生真相便不能不悲观,两者激烈冲突又达成和解的结果就是超脱。所以,超脱实质上是一种有悲观约束的执着，有执着约束的悲观。仔细分析起来，其中始终包含着悲观和执着两种因素，只是两者之间已经形成一种恰当的关系，不再趋于一端罢了。我不相信世上有一劳永逸彻悟人生的“无上觉者”，如果有，他也业已涅槃成佛，不属于这个活人的世界了。

16

我已经厌倦那种永远深刻的灵魂，它是狭窄的无底洞，里面没有光亮，没有新鲜的空气，也没有玩笑和游戏。

博大的深刻不避肤浅。走出深刻，这也是一种超脱。

17

由单纯到复杂，再复归成熟的单纯，我名之智慧。由混沌到清醒，再复归自觉的混沌，我名之彻悟。

18

闲适和散漫都是从俗务中抽身出来的状态，心境却迥异。闲适者回到了自我，在自己的天地里流连徜徉，悠然自得，内心是宁静而澄澈的。散漫者找不到自我，只好依然在外物的世界里东抓西摸，无所适从，内心是烦乱而浑浊的。

19

我走在自己的路上了。成功与失败、幸福与苦难都已经降为非常次要的东西。最重要的东西是这条路本身。

20

他们一窝蜂挤在那条路上，互相竞争、推搡、阻挡、践踏。前面有什么？不知道。既然大家都朝前赶，肯定错不了。

你悠然独行，不慌不忙，因为你走在自己的路上，它仅仅属于你，没有人同你争。

21

纷纷扰扰，全是身外事。我能够站在一定的距离外来看待我的遭遇了。我是我，遭遇是遭遇。惊浪拍岸，卷起千堆雪。可是，岸仍然是岸，它淡然观望着变幻不定的海洋。

22

进入历史？博物馆未免太拥挤了。我早已没有这样的奢望。

二十三岁是一个分界线，在此之前还难免有少年人的自我夸张病，此后我愈来愈能如实地看待自己了。再说，能不能进入历史，这是后人用他们的眼光来判断的事情，与我完全无关，也用不着我来瞎操心。我只想按照自己的心愿生活，别无他求。

23

一天是很短的。早晨的计划，晚上发现只完成了很小一部分。一生也是很短的。年轻时的心愿，年老时发现只实现了很小一部分。

今天的计划没完成，还有明天。今生的心愿没实现，却不再有来世了。

所以，不妨榨取每一天，但不要苛求绝无增援力量的一生。要记住：人一生能做的事情不多，无论做成几件，都是值得满意的。

幽　默

1

幽默是心灵的微笑。最深刻的幽默是一颗受了致命伤的心灵发出的微笑。

受伤后衰竭、麻木、怨恨,这样的心灵与幽默无缘。幽默是受伤的心灵发出的健康、机智、宽容的微笑。

2

幽默是一种轻松的深刻。面对严肃的肤浅,深刻露出了玩世不恭的微笑。

3

幽默是智慧的表情,它教不会,学不了。有一本杂志声称它能教人幽默,从而轻松地生活。我不曾见过比这更缺乏幽默感的事情。

4

讽刺与幽默不同。讽刺是社会性的,幽默是哲学性的。讽刺人世,与被讽刺对象站在同一水准上,挥戈相向,以击伤对手为乐。幽默却源于精神上的巨大优势,居高临下,无意伤人,仅以内在的优越感自娱。讽刺针对具体的人和事,幽默则是对人性本身必不可免的弱点发出宽容的也是悲哀的微笑。

5

幽默与滑稽是两回事。幽默是智慧的闪光,能博聪明人一笑。滑稽是用愚笨可笑的举止逗庸人哈哈。但舞台上的滑稽与生活中的滑稽又有别:前者是故意的,自知可笑,偏要追求这可笑的效果;后者却是无意的,自以为严肃正经,因而更可笑——然而只有聪明人能察觉这可笑。所以,生活中的滑稽的看客仍是聪明人。当滑稽进入政治生活而影响千百万人的命运时,就变成可悲了。当然,同时还是可笑的。因此,受害者仍免不了作为看客而开颜一笑,倒也减轻了受害的痛苦。

6

幽默是对生活的一种哲学式态度，它要求与生活保持一个距离，暂时以局外人的眼光来发现和揶揄生活中的缺陷。人这时成了一个神，他通过对人生缺陷的戏侮而暂时摆脱了这缺陷。

也许正由于此，女人不善幽默，因为女人是与生活打成一片的，不易拉开幽默所必需的距离。

7

有超脱才有幽默。在批评一个无能的政府时，聪明的政客至多能讽刺，老百姓却很善于幽默，因为前者觊觎着权力，后者则完全置身在权力斗争之外。

8

西方人在危险当头时幽默，中国人在危险过去后幽默。

9

中国人是一个老是开会而很少开玩笑的民族。

10

托尔斯泰有一种不露声色的幽默。他能发现别人容易忽略的可笑现象,然后叙述出来。是的,他只是叙述,如实地叙述,决不描绘,决不眉飞色舞,决不做鬼脸。可是那力量却异常之大,这是真实的力量。

11

那种毫无幽默感的人,常常把隐蔽的讽刺听作夸奖,又把善意的玩笑听作辱骂。

12

爱智慧的人往往会情不自禁地欣赏敌手的聪明的议论,即使听到骂自己的俏皮话也会宽怀一笑。

我忍受不了相反类型的人,他们在争论中只看见意见,只想到面子,对智慧的东西毫无反应。

13

与过分玩世不恭的人打交道,和他没法谈任何一个严肃的问题,我会恼怒。不过，这并不可怕，我可以一走了之，反正他对我的拂袖而去也是满不在乎的。可怕的是与过分认真的人打交道，因为我无法摆脱他，和他甚至不能开一句善意的玩笑，他对玩笑同样也是认真对待，纠缠不休。当我不得不和这样的人耐心周旋时，我觉得自己是在被迫演戏，扮演一个和他同样认真的角色。小心谨慎地扮演一种认真，演这样的戏未免太沉重了。

14

自嘲就是居高临下地看待自己的弱点，从而加以宽容。自嘲把自嘲者和他的弱点分离开来了，这时他仿佛站到了神的地位上，俯视那个有弱点的凡胎肉身，用笑声表达自己凌驾其上的优越感。

但是，自嘲者同时又明白并且承认，他终究不是神，那弱点确实是他自己的弱点。

所以，自嘲混合了优越感和无奈感。

15

自嘲使自嘲者居于自己之上，从而也居于自己的敌手之上，占据了一个优势的地位。自嘲使敌手的一切可能的嘲笑丧失了杀伤力。

16

傻瓜从不自嘲。聪明人嘲笑自己的失误。天才不仅嘲笑自己的失误,而且嘲笑自己的成功。看不出人间一切成功的可笑的人,终究还是站得不够高。

读　书

1

费尔巴哈说：人就是他所吃的东西。至少，就精神食物而言，这句话差不多是对的。从一个人的读物可以大致判断他的精神品级。

2

藏书多得一辈子读不完，可是，一见好书或似乎好的书，还是忍不住要买，仿佛能够永远活下去读下去似的。

嗜好往往使人忘记自己终有一死。

3

许多书只是外表像书罢了。不过，你不必愤慨，倘若你想到这一点：许多人也只是外表像人罢了。

4

书籍少的时候，我们往往从一本书中读到许多东西。我们读到了书中有的东西，还读出了更多的书中没有的东西。

如今书籍愈来愈多，我们从书中读到的东西却愈来愈少。我们对书中有的东西尚且挂一漏万，更无暇读出书中没有的东西了。

5

人们总是想知道怎样读书，其实他们更应当知道的是怎样不读书。

6

一个人是有可能被过多的文化伤害的。蒙田把这种情形称作“文殛”，即被文字之斧劈伤。

我的一位酷爱诗歌、熟记许多名篇的朋友叹道:“有了歌德,有了波德莱尔,我们还写什么诗!”我与他争论:尽管有歌德,尽管有波德莱尔,却只有一个我,这个我是歌德和波德莱尔所不能代替的,所以我还是要写!

开卷有益,但也可能无益,甚至有害,就看它是激发还是压抑了自己的创造力。

我衡量一本书的价值的标准是:读了它之后,我自己是否也遏止不住地想写点什么,哪怕我想写的东西表面上与它似乎全然无关。

7

在才智方面,我平生最佩服两种人:一是有非凡记忆力的人;一是有出色口才的人。也许这两种才能原是一种,能言善辩是以博闻强记为前提的。我自己在这两方面相当自卑,读过的书只留下模糊的印象,谈论起自己的见解来也就只好寥寥数语,无法旁征博引。

不过,自卑之余,我有时又自我解嘲,健忘未必全无益处:可以不被读过的东西牵着鼻子走,易于发挥自己的独创性;言语简洁,不夸夸其谈,因为实在谈不出更多的东西;对事物和书籍永远保持新鲜感,不管接触多少回,总像第一次见到一样。如果我真能过目不忘,恐怕脑中不再有自己的立足之地,而太阳下也不再有新鲜的事物了。

近日读蒙田的随笔,没想到他也是记忆力差的人,并且也发现了记忆力差的这三种好处。

8

古来贤哲常论博学与智慧的不同。智慧是灵魂的事，博学是头脑的事，更糟的是舌头的事。西塞罗讽刺这些博学家说："他们只学来和别人讨论，而不是和自己谈心。"蒙田讽刺在学校里只学得许多死知识的学生说："他应该带一颗丰盈的灵魂回来，却只带回一颗膨胀的；他并不把它充实，而只把它吹胀。"

灵魂是种子，它可以在知识之水的浇淋下长成参天大树，也可以在知识之水的浸泡下发成一颗绿豆芽。

9

自我是一个凝聚点。不应该把自我溶解在大师们的作品中，而应该把大师们的作品吸收到自我中来。对于自我来说，一切都只是养料。

10

有两种人不可读太多的书：天才和白痴。天才读太多的书，就会占去创造的工夫，甚至窒息创造的活力，这是无可弥补的损失。白痴读书愈多愈糊涂，越发不可救药。

天才和白痴都不需要太多的知识，尽管原因不同。倒是对于处在两极之间的普通人，知识较为有用，可以弥补天赋的不足，可以发展实际的才能。所谓“貂不足，狗尾续”，而貂已足和没有貂者是用不着续狗尾的。

11

有的人有自己的独特感受，有的人却只是对别人的感受发生同感罢了。两者都是真情实感，然而是两码事。

12

读书犹如采金。有的人是沙里淘金，读破万卷，小康而已。有的人是点石成金，随手翻翻，便成巨富。

13

在读一位大思想家的作品时，无论谴责还是辩护都是极狭隘的立场，与所读对象太不相称。我们需要的是一种对话式的理解，其中既有共鸣，也有抗争。

认真说来，一个人受另一个人（例如一位作家、一位哲学家）的“影响”是什么意思呢？无非是一种自我发现，是自己本已存在但沉睡着的东西被唤醒。对心灵所发生的重大影响决不可能是一种灌输，而应是一种共鸣和抗争。无论一本著作多么伟大，如果不能引起我的共鸣和抗争，它对于我实际上是不存在的。

14

前人的思想对于我不过是食物。让化学家们去精确地分析这些食物的化学成分吧，至于我，我只是凭着我的趣味去选择食物，品尝美味，吸收营养。我胃口很好，消化得很好，活得快乐而健康，这就够了，哪里有耐心去编制每一种食物的营养成分表！

15

世人不计其数，知己者数人而已；书籍汪洋大海，投机者数本而已。

我们既然不为只结识总人口中的一小部分而遗憾，那么也就不必为只读过全部书籍中的一小部分而遗憾了。

16

某生嗜书，读书时必专心致志，任何人不得打扰。一日，正读海德格尔的《存在与时间》，海德格尔叩门求访。某生毅然拒之门外，读书不辍。海德格尔怏然而归。

17

精彩极了！我激动不已。我在思想家 B 的著作中读到了思想家 A 曾经表述过的类似思想，而这种思想引起了我的强烈共鸣。

且慢，你是在为谁喝彩：为 B，还是 A，还是他们之间的相似，还是你自己的共鸣？

我怔住了，只觉得扫兴，刚才的激动消失得无影无踪。

18

对我们影响最大的书往往是我们年轻时读的某一本书，它的力量多半不缘于它自身，而缘于它介入我们生活的那个时机。那是一个最容易受影响的年龄，我们好歹要崇拜一个什么人，如果没有，就崇拜一本什么书。后来重读这本书，我们很可能会对它失望，并且诧异当初它何以使自己如此心醉神迷。但我们不必惭愧，事实上那是我们的精神初恋，而初恋对象不过是把我们引入精神世界的一个诱因罢了。当然，同时它也是一个征兆，我们早期着迷的书的性质大致显示了我们的精神类型，预示了我们后来精神生活的走向。

年长以后，书对我们很难再有这般震撼效果了。无论多么出色的书，我们和它都保持着一个距离。或者是我们的理性已经足够成熟，或者是我们的情感已经足够迟钝，总之我们已经过了精神初恋的年龄。

19

读书如交友，但至少有一个例外，便是读那种传授交友术的书。交友术兴，真朋友亡。

20

金圣叹列举他最喜爱的书，到第六才子书《西厢记》止。他生得太早，没有读到《红楼梦》。我忽然想：我们都生得太早，不能读到我们身后许多世纪中必然会出现的一部又一部杰作了。接着又想：我们读到了《红楼梦》，可是有几人能像金圣叹之于《西厢记》那样品读？那么，生得晚何用，生得早何憾？不论生得早晚，一个人的精神胃口总是有限的，所能获得的精神食物也总是足够的。

21

好读书和好色有一个相似之处，就是不求甚解。

22

如果说写作犹如分娩，那么，读自己刚刚出版的作品就恰似看到自己刚刚诞生的孩子一样，会有一种异常的惊喜之感。尽管它的一字一句都出于自己之手，我们仍然觉得像是第一次见面。

的确是第一次。一堆尚未出版的手稿始终是未完成的，它仍然可能被修改甚至被放弃。直到它出版了，以一本书的形式几乎同时呈现在作者和读者面前，它才第一次获得了独立的生命。读自己的手稿是写的继续；只有当手稿变成可供许多人读的书之后，作者才能作为一名读者真正开始读自己的作品。此后他当然还可以再做修订，但是，由于他和读者记住了第一副面孔，修订便像是做矫形手术，与作品问世前那个自然的孕育过程不可同日而语了。

23

学者是一种以读书为职业的人，为了保住这个职业，他们偶尔也写书。

作家是一种以写书为职业的人，为了保住这个职业，他们偶尔也读书。

24

只有聪明人才能写出好格言，但只读格言的人却是傻瓜。

写　作

1

一块块字碑，镌刻着千古文章。一座座丰碑，纪念着万世功业。连荒冢中千篇一律的墓碑，也有一副不朽的面孔。

你也是一块碑，谁能读懂你身上的铭文？

我不是碑，也留不下碑。我死后没有墓志铭。

我一路走去，在水上留下泡沫，在泥上留下痕迹。泡沫转眼迸裂，痕迹瞬即泯灭。多数时候，我连泡沫和痕迹也没有，生命消逝得无声无息，无影无踪。

我是易朽的。

不过我不在乎。我兴致勃勃地打捞我的泡沫，收集我的痕迹。

2

我知道我永远成不了莎士比亚、歌德，但是我宁愿永远不读他们的传世名作，也不愿轻易放过一个瞬息的灵感而不去写下我的易朽的诗句。别人的书再伟大、再卓越，也只是别人的生命事件的痕迹。它们也许会触发我的生命事件，但只有我自己才能刻下我的生命事件的痕迹。

对于我来说，人类历史上任何一部不朽之作都只是在某些时辰进入我的生命，唯有我自己的易朽的作品才与我终生相伴。

我不企求身后的不朽。在我有生之年，我的文字陪伴着我，唤回我的记忆，沟通我的岁月，这就够了，这就是我唯一可以把握的永恒。

我不追求尽善尽美。我的作品是我的足迹，我留下它们，以便辨认我走过的路，至于别人对它们做出何种解释，就与我无关了。

3

我想象不出除了写作外，我还能有什么生存方式。我把易逝的生命兑换成耐久的文字。文字原是我挽留生命的手段，现在却成了目的，而生命本身反而成了手段。

4

有各种各样的收藏家。作家也是收藏家，他专门收藏自己的作品。

当他打开自己的文柜，摆弄整理自己的文字时，那入迷的心境比起集邮迷、钱迷来，有过之而无不及。可是，他的收藏品只有一个来源，便是写作。也许正是这种特殊的收藏癖促使他不停地写呵写。

5

文字是感觉的保险柜。岁月流逝，当心灵的衰老使你不再能时常产生新鲜的感觉，头脑的衰老使你遗忘了曾经有过的新鲜的感觉时，不必悲哀，打开你的保险柜吧，你会发现你毕竟还是相当富有的。勤于为自己写作的人，晚年不会太凄凉，因为你的文字——也就是不会衰老的那个你——陪伴着你，他比任何伴护更善解人意，更忠实可靠。

6

收藏家和创作家是两种不同的人。

你搜集一切，可是你从不创造。我什么也留不住，可是一旦我有点什么，那必然是任何人都没有的东西。

7

写作的快乐是向自己说话的快乐。真正爱写作的人爱他的自我，似乎一切快乐只有被这自我分享之后，才真正成其为快乐。他与人交谈似乎只是为了向自己说话，每有精彩之论，总要向自己复述一遍。

8

真正的写作，即完全为自己的写作，往往是从写日记开始的。当一个少年人并非出于师长之命，而是自发地写日记时，他就已经意识到并且试图克服生存的虚幻性质了。他要抵抗生命的流逝，挽留岁月，留下它们曾经存在的确凿证据。一个真正的写作者不过是一个改不掉写日记的习惯的人罢了，他的全部作品都是变相的日记。

9

灵魂是一片园林，不知不觉中会长出许多植物，然后又不知不觉地凋谢了。我感到惋惜，于是写作。写作使我成为自己的灵魂园林中的一个细心的园丁，将自己所喜爱的植物赶在凋谢之前加以选择、培育、修剪、移植和保存。

10

一个人何必要著作等身呢？倘想流芳千古，一首不朽的小诗足矣。倘无此奢求，则只要活得自在即可，写作也不过是活得自在的一种方式罢了。

11

一切执着，包括对文字的执着，只对身在其中者有意义。隔一层境界看，意义即消失。例如，在忙人眼里，文字只是闲情逸致；在政客眼里，文字只是雕虫小技；在高僧眼里，文字只是浮光掠影。

12

写作是最自由的行为。一个人的写作自由是不可能被彻底剥夺的，只要愿意，他总是可以以某种方式写自己真正想写的东西。

13

我难免会写将被历史推翻的东西，但我决不写将被历史耻笑的东西。

14

无所事事的独处是写作者的黄金时刻。

写作者需要闲散和孤独，不但是为了获得充足的写作时间，更是为了获得适宜的写作心境。灵感是神的降临,忌讳俗事搅扰和生人在场。为了迎接它,写作者必须涤净心庭,虚席以待。

完整充实的自我是进入好的写作状态的前提。因为完整反而感到了欠缺,因为充实反而感到了饥渴,这便是写作欲。有了这样的写作欲,就不愁没有题材,它能把碰到的一切都化为自己的食物并且消化掉。可是,当我们消散在事务和他人之中时,我们的自我却是破碎虚弱的。烦扰中写出的作品必有一种食欲不振的征兆。

15

写作如同收获果实,有它自己的季节。太早了,果实是酸涩的。太迟了,果实会掉落和腐烂。

那么,我大约总是掌握不好季节:许多果实腐烂了,摘到的果实又多是酸涩的。

16

对于写作者来说,重要的是找到仅仅属于自己的眼光。没有这个眼光,写一辈子也没有作品,世界再美丽再富饶也是别人的。有了这个眼光,就可以用它组织一个属于自己的世界。

17

写作的“第一原理”：感觉的真实。也就是说，必须是有感而发，必须是你之所感。

感觉是最个别化的东西。凡不属于你的真实自我的一切，你都无法使它们进入你的感觉。感觉就是此时此刻的你的活生生的自我。如果这个自我是死气沉沉的，你就决不能让它装成生机勃勃。

情节可以虚构，思想可以借用，感觉却是既不能虚构也不能借用的。你或者有感觉，或者没有感觉。你无法伪造感觉。甚至在那些貌似动情或深沉的作品里，我也找不到哪怕一个伪造的感觉。作者伪造的只是感情和观念，想以之掩盖他的没有感觉，却欲盖弥彰。

有人写作是以文字表达真实的感觉，有人写作是以文字掩盖感觉的贫乏。依我看，作品首先由此分出优劣。

请注意，我强调的是感觉的真实。感觉无所谓对错，只要是一个独特自我对世界的真实体验，就必有其艺术上的价值和效果，哪怕这个自我独特到了病态的地步。

18

有两种写作。一种是经典性的，大体使用规范化的语言，但并不排除在此范围内形成一种独特的语言风格。它永远是文学和学术的主流。另一种是试验性的，尤其是在语言上进行试验，故意打破现有的语言规范，力图创造一种全新的表达方式。它永远是支流，但其成功者则不断被吸收到主流中去，影响着主流的流向。

我知道自己属于前者。我在文学上没有野心，写作于我不过是一种记录思想和感受的个人活动。就此而论，现有的语言已经足够，问题只在如何更加娴熟自如地运用它。但我对后者怀着钦佩之心，因为在我看来，唯有这种语言革新事业才是严格意义上的文学创作。

19

创作是一种试验，一种冒险，是对新的未知的表达方式的探索。真正的创作犹如投入一场前途未卜的热恋兼战争，所恋所战的对象均是形式，生命力在其上孤注一掷，在这场形式之恋、形式之战中经受生死存亡的考验。

在这个意义上，中国的文人并不创作。对于中国的文人来说，写作如同琴棋诗画一样是一种嗜好和消遣。或者，如他们自己谦称的那样是“笔耕”。“笔耕”是一个确切的词，令人想起精神的老圃日复一日地在一块小小的自家的园地上辛勤耕耘，做着重复的劳动，以此自娱。所以，中国的文人诚然能出产一些风味小品，但缺少大作品。

20

写作作为一种生存方式，可以是闲适的逍遥，也可以是紧张的寻求。前者写自己已有而合意的东西，后者写自己没有而渴望的东西。按照席勒的说法，前者为素朴诗人，属于古代，后者为感伤诗人，属于近代。然而，就个人而言，毋宁说前者属于中年以后，后者属于青年期。人类由素朴走向感伤，个人却由感伤回归素朴。东方是世界的古代，同时又是老成的民族，多素朴诗人。西方是世界的近代，同时又是青春的民族，多感伤诗人。

21

留着写回忆录吗？不，现在不写，就永远不能补写了。感觉是复活不了的。年老时写青年时代的回忆，写出的事件也许是青年时代的事件，感觉却是老年人的感觉。犹如刻舟求剑，舟上刻下的事件之痕再多，那一路掉在岁月之流中的许多感受却再也打捞不起来了。

22

任何一部以过去为题材的作品，都是过去与当下的混合。

23

写作中最愉快的时刻是，句子似乎自动装束停当，排成队列，向你走来。你不假思索，只是把这些似乎现成的美妙句子记录到纸上。大约这就是所谓灵感泉涌、才思敏捷的时刻了。你陶醉在收获的欣喜中，欣喜之余又有些不安，不敢相信这么多果实应当归你所有，因为那播种、耕耘、酝酿的过程本是无意识的，你几乎觉得自己成了一个窃取者。

24

富者的健谈与贫者的饶舌不可同日而语。但是，言谈太多，对于创造总是不利的。时时有发泄，就削弱了能量的积聚。创造者必有酝酿中的沉默，这倒不是有意为之，而是不得不然，犹孕妇不肯将未足月的胎儿娩出示人。当然，富者的沉默与贫者的枯索也不可同日而语，犹如同为停经，可以是孕妇，也可以是不孕症患者。

25

一篇文章有无数种写法。不论写作前的构思多么充分，写作时仍会有种种似乎偶然的字句浮上心头，落在纸上。写作过程的每一次打断都必然会使写法发生某些变化。所以，我不相信有所谓不可改动一字的佳作，佳作的作者自己也一定不相信。

26

我抓住一条思绪，于是它自己开始工作，去连结、缠绕、吸附，渐渐变得丰厚，一篇文章就诞生了。

许多未被抓住的思绪却飘失了。

27

每当结束一篇文稿,便顿觉轻松。这种感觉,大约只有一朝分娩、走下产床的产妇才能领略,她又可以在户内户外到处走走,看看天空、太阳、街道和行人了。我就带着这种轻松感,在街上慢悠悠地闲逛,让人看看我也有无所事事的时候,为此感到一种可笑的自豪。

28

有的人非得在课堂上,有个老师,才能学习。我非得离开课堂,独自一人,才学得进去。

有的人非得打草稿,才能写东西,哪怕是写信。我写东西不能打草稿,那样会觉得现在写的东西是不算数的,因而失去了写的兴致。

29

叔本华说:形容词是名词的敌人。我说:名词是动词的尸体。

30

语言是一个人的整体文化修养的综合指数。凡修养中的缺陷,必定会在语言风格上表现出来。

31

一段表达精当的文字是一面旗帜,在它下面会集合起共鸣者的大军。

32

无论写什么,哪怕只是写信,写日记,写一个便笺,下笔决不马虎,不肯留下一行不修边幅的文字。这样做的人必能写一手好文章。

好的文字风格如同好的仪态风度一样,来自日常一丝不苟的积累。

33

写得明白易懂的诀窍是,只写自己懂的东西,不写自己不懂的东西。

世上读不懂的书,作者自己也不懂的占大半。

34

格言是天神们私下议论人类隐情的悄悄话，却被智者偷听到了。

35

俏皮话机智，大实话中肯。好的格言既机智，又中肯，是俏皮的大实话。

36

那些在市场上兜售，内容大同小异，少男少女们买去填在赠言册、生日卡、贺年卡上的东西，也配称作格言么？

37

有的人用平平淡淡的语言说出不同凡响的见解和朴实的真理（两者往往是一回事），有的人满怀激情地说些老生常谈。据说他们写的都是哲理散文。

38

某位作家太太下的定义：作家是一种喜欢当众抖落自己的或别人的隐私的人。

作家的辩护：在上帝或永恒面前，不存在隐私。

天　才

1

一个天才也许早熟，也许晚熟。问题不在年龄，而在于他有一些他自己的话要说出来，或早或迟，非说出来不可。

2

博学家一辈子说别人说过的话，天才则能说出自己的话，哪怕一辈子只说出一句，却是前无古人、后无来者的，是非他说不出来的。这是两者的界限。

3

天才区别于常人的不是智力，不是勤奋，而是一种使命感。也许他自己也说不清这使命感究竟是什么，但是却始终存在，并且常常出其不意地叮咛他，折磨他。这是一种责任心，不是对他人，对人类，而是对自己的生命的责任心。

4

多数人属于家庭，国家，社会。天才属于有与无，最小与最大，自我与永恒。

5

对天才来说，才能是沉重的包袱，必须把它卸下来，也就是说，把它充分释放出来。"天才就是勤奋"，但天才的勤奋不是勉为其难的机械的劳作，而是能量的不可遏止的释放。

6

天才是最接近自然本来面目的个性。既然自然本身是丰富多彩、充满矛盾的，那么，天才怎么可能永远自相一致呢？哲学史上最有创造力的天才，如柏拉图、康德，恰恰是最自相矛盾的。二律背反是天才的命运。

7

没有真诚，就没有丰富性。

许多人罕能返视自己的心灵，一旦返视，也要安上一片习俗和舆论的滤色镜，于是只看见一种色彩。

天才对自己是诚实的，他不想阻止他心灵的天然色彩放射出来，而天然色彩总是丰富的。

8

我们身上最缺少什么？一是原始的生命冲动，二是寻求终极价值的形而上冲动。天才是这两种冲动的会合。所以，中国多文人而少天才。

9

天才是大自然的灵感。因此，一个天才在泄欲时是动物，在吃喝时是凡夫俗子，只有在大自然的灵感降临于他时才是天才。因此，一个天才在平时多数场合不是天才，只有在少数幸运的时刻才是天才。

10

天才往往不是那些最聪明的人。如同大自然本身一样，天才必有他的笨拙之处。

11

一个有才华有活力的人永远不会觉得自己找到了归宿，他永远在尝试，在探索。天才之缺乏自知之明，恰如庸人一样，不过其性质相反。庸人不知自己之短，天才却不知自己之长。德拉克罗瓦在创作他的传世名画之时，还在考虑他是否做一个诗人更合适些。

12

我相信，天才骨子里都有一点自卑，成功的强者内心深处往往埋着一段屈辱的经历。

13

芸芸众生也有权利活。在这个意义上，人与人是平等的。至于说到历史，就是另一回事了。天才与芸芸众生之间隔着鸿沟。当然，天才的伟大并不需要优越的享受来报偿,伟大本身就已经是他的报酬。

14

天赋高的人有一种几乎与生俱来的贵族心理,看不起庸庸碌碌的芸芸众生。他对群众的宽容态度是阅历和思考的产物。

15

天才生活在一个观念和想象的世界里,尽管在他们看来,这个世界更真实、更根本,但是它确实是脱离普通人的日常生活世界的。因此,用世俗的眼光看,天才决不可能给人类带来任何实际的幸福(世俗意义上的幸福始终等同于福利),他们的欢乐只是疯狂,他们的苦痛也只是自作自受。世人容忍他们的存在,如同对待异禽怪兽一样给他们拨出一小块生存空间,便已经是礼遇有加了。天才自己不应当期望有更好的待遇,否则就等于期望自己不是天才。

16

庸才比天才耐久。庸才是精神作坊里的工匠,只要体力许可,总能不断地制作。创造的天才一旦枯竭,就彻底完了。他没有一点慰藉,在自己眼里成了废物。他也的确是一个废物了。

17

创造靠智慧，处世靠常识。有常识而无智慧，谓之平庸。有智慧而无常识，谓之笨拙。庸人从不涉足智慧的领域，所以不自知其平庸。天才却不免被抛入常识的领域，所以每暴露其笨拙。既然两者只可能在庸人的领土上相遇，那么，庸人得意，天才潦倒，当然就不足怪了。

18

天才三境界：入世随俗，避世隐居，救世献身。

19

我总在想，天才在同时代人中必是孤独的，往往受到冷落和误解，而在后来的时代中，大多数人事实上也是不理解他们的。那么，他们身后的名声是如何建立起来的呢？

也许，伟大心智的超时代沟通是一个原因，这种沟通形成了高级文化的历史继承渠道。

但问题仍然存在：即使后来的天才理解先前的天才，可是这后来的天才在自己的时代仍然是孤独的，他对先前天才的评价却何以得到人们的公认呢？

也许总有少数幸运的天才，正是通过他们，世人在接受他们的同时也接受了他们所赏识的其余不幸的天才。

20

天才是如何被承认的？几种假说——

其一，级差承认：二等才智承认一等才智，三等承认二等，以此类推，至于普通人，使天才终于在民众中树立起了声誉。当然，仅仅是声誉，其代价便是误解的递增。

其二，连锁承认：在众多天才中，某一天才因为种种偶然性的凑合而被承认，于是人们也承认他所欣赏的一系列天才，这些天才中每人所欣赏的天才，就像滚雪球一样。

其三，然而，最准确的说法也许是，天才是通过被误解而得到承认的。世人承认其显而易见的智力，同时又以平庸的心智度天才的思想。归根到底，只有天才才能完全理解天才，庸人只是起哄罢了。

21

天才因其被误解而成其伟大。这话可有三解：第一，越是独特的天才，与常人越缺少共同之处，因而越是不被理解和易遭误解。所以，误解的程度适见出独特和伟大的程度。第二，天才之被承认为伟大，必是在遭到普遍的误解之后，人们接受了用自己的误解改造过的这天才形象，于是承认其伟大——即承认其合自己的口味。第三，天才的丰富性和神秘性为世世代代的误解留下了广阔的余地，愈是伟大的天才愈是一个谜，愈能激起人们猜测他、从而误解他的兴趣。伟大与可误解度成正比。

22

也许，天才最好的命运是留下了著作，在人类的世代延续中，他的思想不时地在个别人心灵上引起震颤和共鸣。这就是他的不朽和复活。较坏的是著作失传，思想湮灭。最坏的是他的著作成为经典，他的名字成为偶像，他的思想成为教条。

23

对天才是无法盖棺论定的。天才在受到崇拜的同时总是遭到误解和曲解，引起永无止息的争论。也许，不能盖棺论定本身就证明了伟大。

24

天才的可靠标志不是成功，而是成功之后的厌倦。

25

天才是脆弱的，一点病菌、一次车祸、一个流氓就可以置他于死命。

26

天才未必是强者，例如凡·高。

性格的强弱决定尘世的命运，天赋的大小决定天国的命运。在某种意义上，可以把天才死后享誉看作天国的荣耀。

高更也以穷困潦倒而终。但是，和凡·高相比，他毕竟在生前就获得了相当的成功，因为他是强者。

27

天才不走运会成为庸人，庸人再走运也成不了天才。

28

她读着凡·高的传记，泪眼汹涌，心想："如果我在那个时代出生，我一定嫁给凡·高。"

在凡·高活着时，一定也有姑娘想象自己嫁给更早时代的天才，并且被这个念头感动得掉泪。而与此同时，凡·高依然找不到一个愿意嫁给他的姑娘。

29

一个青年对我说:“我就是尼采!”

我答道:是吗?尼采是天才。每个天才都是独一无二、不可重复的。你重复了尼采,所以你不是天才,所以你不是尼采。

30

天才往往有点疯,但疯子不等于是天才。自命天才的人老在这一点上发生误解。

31

天才与疯子,奇人与骗子,均在似是而非之间。

世上有一个天才,就有一千个自命天才的疯子。有一个奇人,就有一万个冒充奇人的骗子。

32

俗人有卑微的幸福,天才有高贵的痛苦,上帝的分配很公平。对此愤愤不平的人,尽管自命天才,却比俗人还不如。

33

自己未曾找到伟大的幸福的人，无权要求别人拒绝平凡的幸福。自己已经找到伟大的幸福的人，无意要求别人拒绝平凡的幸福。

34

最低的境界是平凡，其次是超凡脱俗，最高是返璞归真的平凡。

35

大魄力，人情味，二者兼备是难得的。

36

不避平庸岂非也是一种伟大，不拒小情调岂非也是一种大器度？

37

有不同的疯狂，不同的自杀。

中国多的是白痴，少的是狂人；多的是“畏罪自杀”者和“受迫害致死”者，少的是精神崩溃而自杀者。

38

你也谈国民性？

我不赶时髦，也不避时髦。

我们多肤浅的全面，少深刻的片面；多平庸的健康，少天才的病态。我们的神经太平衡了，不过是一种弱平稳。

我们没有无家可归的孤独感，被抛入世界的荒诞感，与虚无不期而遇的焦虑感，肩负毁灭的悲剧感。

尽管住宅拥挤，我们宁愿挤在一起相濡以沫，不肯相忘于江湖，漂泊于荒原。

不过，有时我又想，对国民性公平一点吧，天下小市民一样庸俗，天才一样受磨难，这是世界性的。

39

华人在西方社会都很有成就，但是没有大师，出不了爱因斯坦、海德格尔、卡夫卡，什么原因呢？

原因当然不在智力上，而在气质上。

中国人中庸。西方人走极端，古罗马疯狂享乐，中世纪严格禁欲，这种彻底性往往会出大师。他们也讲中庸，然而是结合了两极的中庸。

中国文化缺乏悲剧意识。儒家未知生，焉知死，道家齐生死，都不肯正视死。儒家入世，道家出世，都躲开了世界的可怕边缘，出处之选择，无非进身保身之道。中国人的眼界局限在社会之内，没有形而上的冲动。所以，中国也没有真正的宗教。儒教其实是处世术，道教其实是养身术，儒道释合流其实是统治术。

40

天赋平常的人能否成才，在很大程度上取决于所处的具体教育环境，学校能够培养出也能够毁灭掉一个中等之才。天才却是不受某个具体教育环境限制的，因为他本质上是自己培育自己。当然，天才也可能被扼杀，但扼杀他的只能是时代或大的社会环境。

女人和男人

1

在《战争与和平》中，托尔斯泰让安德列和彼尔都爱上娜塔莎，这是意味深长的。娜塔莎，她整个儿是生命，是活力，是“一座小火山”。对于悲观主义者安德列来说，她是抗衡悲观的欢乐的生命。对于空想家彼尔来说，她是抗衡空想的实在的生活。男人最容易患的病是悲观和空想，因而他最期待于女人的是欢乐而实在的生命。

男人喜欢上天入地，天上太玄虚，地下太阴郁，女人便把他拉回到地面上来。女人使人生更实在，也更轻松了。

2

女人的肉体和精神是交融在一起的,她的肉欲完全受情感支配,她的精神又带着浓烈的肉体气息。女人之爱文学,是她的爱情的一种方式。她最喜欢的作家,往往是她心目中理想配偶的一个标本。于是,有的喜欢海明威式的硬汉子,有的喜欢拜伦式的悲观主义者。

在男人那里,肉体与精神可以分离得比较远。

3

男人期待于女人的并非她是一位艺术家,而是她本身是一件艺术品。她会不会写诗无所谓,只要她自己就是大自然创造的一首充满灵感的诗。

当然,女诗人和女权主义者听到这意见是要愤慨的。

4

女人的聪明在于能欣赏男人的聪明。

男人是孤独的,在孤独中创造文化。女人是合群的,在合群中传播文化。

5

女人很少悲观，也许会忧郁，但更多的是烦恼。最好的女人一样也不。

快乐地生活，一边陶醉，一边自嘲，我欣赏女人的这种韵致。

6

女人是人类的感官，具有感官的全部盲目性和原始性。只要她们不是自卑地一心要克服自己的“弱点”，她们就能成为抵抗这个世界理性化即贫乏化的力量。

7

我相信，有两样东西由于与自然一脉相通，因而可以避免染上时代的疾患，这就是艺术和女人。好的女人如同好的艺术一样属于永恒的自然，都是非时代的。

也许有人要反驳说，女人岂非比男人更喜欢赶时髦？但这是表面的，女人多半只在装饰上赶时髦，男人却容易全身心投入时代的潮流。

8

真正的女性智慧也具一种大器，而非琐屑的小聪明。智慧的女子必有大家风度。

9

我对女人的要求与对艺术一样：自然，质朴，不雕琢，不做作。对男人也是这样。

女性温柔，男性刚强。但是，只要是自然而然，刚强在女人身上，温柔在男人身上，都不失为美。

10

卢梭说："女人最使我们留恋的，并不一定在于感官的享受，主要还在于生活在她们身边的某种情趣。"

的确，当我们贪图感官的享受时，女人是固体，诚然是富有弹性的固体，但毕竟同我们只能有体表的接触。然而，在那样一些充满诗意的场合，女人是气体，那样温馨芬芳的气体，她在我们的四周飘荡，沁入我们的肌肤，弥漫在我们的心灵。一个心爱的女子每每给我们的生活染上一种色彩，给我们的心灵造成一种氛围，给我们的感官带来一种陶醉。

11

我发现,美丽的女孩子天性往往能得到比较健康的发展。也许这是因为她们从小讨人喜欢,饱吸爱的养料,而她们的错误又容易得到原谅,因而行动较少顾虑,能够自由地生长。犹如一株植物,她们得到了更加充足的阳光和更加开阔的空间,所以不致发生病态。

12

也许,男人是没救的。一个好女人并不自以为能够拯救男人,她只是用歌声、笑容和眼泪来安慰男人。她的爱鼓励男人自救,或者,坦然走向毁灭。

13

好女人能刺激起男人的野心,最好的女人却还能抚平男人的野心。

14

女人搞哲学,对于女人和哲学两方面都是损害。

老天知道，我这样说，是因为我多么爱女人，也多么爱哲学！

15

好的哲学使人痛苦，坏的哲学使人枯燥，两者都损害女性的美。

我反对女人搞哲学，实出于一种怜香惜玉之心。

16

我要躲开两种人：浅薄的哲学家和深刻的女人。前者大谈幸福，后者大谈痛苦，都叫我受不了。

17

当一位忧郁的女子说出一句极轻松的俏皮话，或者，当一位天真的女子说出一个极悲观的人生哲理，我怎么能再忘记这话语，怎么能再忘记这女子呢？强烈的对比，使我同时记住了话和人。

而且，我会觉得这女子百倍地值得爱了。在忧郁背后发现了生命的活力，在天真背后发现了生命的苦恼，我惊叹了：这就是丰富，这就是深刻！

18

有人说，女人所寻求的只是爱情、金钱和虚荣。其实，三样东西可以合并为一样：虚荣。因为，爱情的满足在于向人夸耀丈夫，金钱的满足在于向人夸耀服饰。

当然，这里说的仅是一部分女人。但她们并不坏。

19

一种女人把男人当作养料来喂她的虚荣，另一种女人把她的虚荣当作养料来喂男人。

对于男人来说，女人的虚荣并非一回事。

20

侵犯女人的是男人，保护女人的也是男人。女人防备男人，又依赖男人，于是有了双重的自卑。

21

男人与女人之间有什么是非可说？只有选择。你选择了谁，你就和谁放弃了是非的评说。

22

女人总是把大道理扯成小事情。男人总是把小事情扯成大道理。

23

“女人用心灵思考，男人用头脑思考。”

“不对。女人用肉体思考。”

“那么男人呢？”

“男人用女人的肉体思考。”

24

两性之间，只隔着一张纸。这张纸是不透明的，在纸的两边，彼此高深莫测。但是，这张纸又是一捅就破的，一旦捅破，彼此之间就再也没有秘密了。

我的一位朋友说：“不对，男人和女人是两种完全不同的动物，永远不可能彼此理解。”

25

邂逅的魅力在于它的偶然性和一次性，完全出乎意料，毫无精神准备，两个陌生的躯体突然互相呼唤，两颗陌生的灵魂突然彼此共鸣。但是，倘若这种突发的亲昵长久延续下去，绝大部分邂逅都会变得索然无味了。

26

你占有一个女人的肉体乃是一种无礼，以后你不再去占有却是一种更可怕的无礼。前者只是侵犯了她的羞耻心，后者却侵犯了她的自尊心。

肉体是一种使女人既感到自卑又感到骄傲的东西。

27

男人通过征服世界而征服女人，女人通过征服男人而征服世界。

28

男人凭理智思考，凭感情行动。女人凭感情思考，凭理智行动。

所以，在思考时，男人指导女人，在行动时，女人支配男人。

29

男人总是看透了集合的女人，又不断受个别的女人魅惑。

30

女人作为整体是浑厚的，所以诗人把她们喻为土地。但个别的女人未必浑厚。

31

男人是突然老的，女人是逐渐老的。

32

调情需要旁人凑兴。两人单独相处，容易严肃，难调起情来。一旦调上，又容易半真半假，弄假成真，动起真情。

当众调情是斗智，是演剧，是玩笑。

单独调情是诱惑，是试探，是意淫。

33

男人和女人的结合，两个稳定得稳定，一个易变、一个稳定得易变，两个易变可得稳定，可得易变。

34

我最厌恶的缺点，在男人身上是懦弱和吝啬，在女人身上是粗鲁和庸俗。

35

两个漂亮的姑娘争吵了起来，彼此用恶言中伤。我望着她们那轮廓纤秀的嘴唇，不禁惶惑了：如此美丽的嘴唇，使男人忍不住想去吻它们，有时竟是这么恶毒的东西么？

36

普天下男人聚集在一起，也不能给女人下一个完整的定义。反之也一样。

男女关系是一个永无止境的试验。

37

对于异性的评价，在接触之前，最易受幻想的支配，在接触之后，最易受遭遇的支配。

其实，并没有男人和女人，只有这一个男人或这一个女人。

婚　姻

1

如果认为单凭激情就能对付年复一年充满琐碎内容的日常共同生活，未免太天真了。爱情仅是感情的事，婚姻却是感情、理智、意志三方面通力合作的结果。因此，幸福的婚姻必定比幸福的爱情稀少得多。理想的夫妇关系是情人、朋友、伴侣三者合一的关系，兼有情人的热烈、朋友的宽容和伴侣的体贴。三者缺一，便有点美中不足。然而，既然世上许多婚姻竟是三者全无，你若能拥有三者之一也就应当知足了。

2

好的婚姻是人间,坏的婚姻是地狱。别想到婚姻中寻找天堂。

人终究是要生活在人间的,而人间也自有人间的乐趣,为天堂所不具有。

3

爱情似花朵,结婚便是它的果实。植物界的法则是,果实与花朵不能两全,一旦结果,花朵就消失了。由此的类比是,一旦结婚,爱情就消失了。

有没有两全之策呢?

有的,简单极了,只须改变一下比喻的句法:未结婚的爱情如同未结果的花朵的美,而结了婚的爱情则如同花已谢的果实的美。是的,果实与花朵不能两全,果实不具有花朵那种绚烂的美,但果实有果实的美,只要它是一颗饱满的果实,只要你善于欣赏它。

植物不会为花落伤心。人是太复杂了,他在结果以后仍然缅怀花朵,并且用花朵的审美标准批判果实,终于使果实患病而失去了属于它的那一种美。

4

无论如何，你对一个女人的爱倘若不是半途而废，就不能停留在仅仅让她做情人，还应该让她做妻子和母亲。只有这样，你才亲手把她变成了一个完整的女人，从而完整地得到了她，你们的爱情也才有了一个完整的过程。至于这个过程是否叫作婚姻，倒是一件次要的事情。

5

婚姻的稳固与其说取决于爱情，不如说取决于日常生活小事的和谐。具有艺术气质的人在后一方面往往笨拙得可笑，所以，两个艺术家的结合多半是脆弱的。

对艺术家的一个忠告：慎勿与同行结婚。

进一步的忠告：慎勿结婚。

6

有三种婚姻：一、以幻想和激情为基础的艺术型婚姻；二、以欺骗和容忍为基础的魔术型婚姻；三、以经验和方法为基础的技术型婚姻。

就稳固程度而论，技术型最上，魔术型居中，艺术型最下。

7

人真是什么都能习惯，甚至能习惯和一个与自己完全不同的人生活一辈子。

习惯真是有一种不可思议的力量，甚至能使夫妇两人的面容也渐渐变得相似。

8

恋爱时闭着的眼睛，结婚使它睁开了。恋爱时披着的服饰，结婚把它脱掉了。她和他惊讶了："原来你是这样的？"接着气愤了："原来你是这样的！"而事实上的他和她，诚然比从前想象的差些，却要比现在发现的好些。

9

如果说短暂的分离促进爱情，长久的分离扼杀爱情，那么，结婚倒是比不结婚占据着一个有利的地位，因为它本身是排除长久的分离的，我们只需要为它适当安排一些短暂的分离就行了。

10

人们常说，婚姻是爱情的坟墓。就那种密不透风的婚姻来说，此话是真理，爱情在其中真是要被活埋致死的。还有一种情况是，爱情已经死去，婚姻仍不解除，这时的婚姻便成了一座内有尸体的坟墓，尸体会继续腐烂，败坏固守其旁的人的健康。

有人担心没有婚姻，爱情就死无葬身之地。其实，爱情是天使，它死了，何必留下尸体，又何须乎看得见的坟墓呢？长年守着一具腐败的尸体，岂不会扼杀对爱情的一切美好回忆？

11

在别的情形下，仇人可以互相躲开，或者可以决一死战，在婚姻中都不能。明明是冤家，偏偏躲不开，也打不败，非朝夕相处不可。不幸的婚姻之所以可怕，就在于此。这种折磨足以摧垮最坚强的神经。

其实，他们本来是可以不做仇人的，做不了朋友，也可以做路人。冤家路窄，正因为路窄才成冤家。

想开点，路何尝窄？

12

在夫妻吵架中没有胜利者，结局不是握手言和，就是两败俱伤。

13

把自己当作人质，通过折磨自己使对方屈服，是夫妇之间争吵经常使用的喜剧性手段。一旦这手段失灵，悲剧就要拉开帷幕了。

14

美是无法占有的，一个雄辩的证据便是那种娶了一个不爱他的漂亮女人的丈夫，他会深切感到，这朝夕在眼前晃动的美乃是一种异在之物，绝对不属于他，对他毫无意义。这个例子也说明了仅仅根据外貌选择配偶是多么愚蠢。

15

离婚毕竟是一种撕裂，不能不感到疼痛。当事人愈冷静，疼痛感愈清晰。尤其是忍痛割爱的一方，在她（他）的冷静中自有一种神圣的尊严，差不多可以和从容赴死的尊严媲美。她（他）以这种方式最大限度地抢救了垂危婚姻中一切有价值的东西，将它们保存在双方的记忆中了。相反，战火纷飞，血肉模糊，疼痛感会麻痹，而一切曾经有过的美好的东西连同对它们的记忆也就真正毁灭了。

16

婚姻是一种契约关系。

一个小小的谬想: 既然如此, 为什么不像别的契约一样, 为它规定一个适当的期限呢? 譬如说, 五年为期, 期满可以续订, 否则自动失效。

这样做至少有以下好处:

一、削弱婚姻容易造成的占有心理, 双方更加尊重自己和对方的独立人格;

二、变"终身制"为"竞选制", 表现好才能"连选连任", 无疑有助于增强当事人维护爱情的责任心;

三、提高婚姻的质量, 及时淘汰劣质和变质婚姻, 并且使这种淘汰和平实现, 毋须经过大伤元气的离婚战;

四、白头偕老仍然是可能的, 且更加有权感到自豪, 因为每一回都重新选择对方的行动明白无误地证明了这是出于始终如一的爱情, 而非当今比比皆是的那种无可奈何的凑合。

17

孤独是最适宜于写作的心境。

在多数情况下, 婚姻生活是恩爱和争吵的交替, 因比例不同而分为幸福与不幸。恩爱将孤独催眠, 争吵又将孤独击昏。两者之间的间歇何其短暂, 孤独来不及苏醒。

所以,写作者也许不宜结婚。

18

一个已婚男子为自己订立的两点守则:一、不为了与任何女子有暧昧关系而装出一副婚姻受害者的苦相;二、不因为婚姻的满意而放弃欣赏和结交其他可爱的女性。

19

圣经记载,上帝用亚当身上的肋骨造成一个女人,于是世上有了第一对夫妇。据说这一传说贬低了女性。可是,亚当说得明白:“这是我的骨中之骨,肉中之肉。”今天有多少丈夫能像亚当那样,把妻子带到上帝面前,问心无愧地说出这话呢?

20

每当看见老年夫妻互相搀扶着,沿着街道缓缓地走来,我就禁不住感动。他们的能力已经很微弱,不足以给别人以帮助。他们的魅力也已经很微弱,不足以吸引别人帮助他们。于是,他们就用衰老的手臂互相搀扶着,彼此提供一点儿尽管太少但极其需要的帮助。

年轻人结伴走向生活,最多是志同道合。老年人结伴走向死亡,才真正是相依为命。

21

谈婚姻不谈孩子，未免文不对题。关于孩子，如今我有太多要说的，这里仅限于从我的札记中引一句话——

孩子是使家成其为家的根据。没有孩子，家至多是一场有点儿过分认真的爱情游戏。有了孩子，家才有了自身的实质和事业。

感　觉

1

早晨我说: 一天很长, 人能遍游整个宇宙。夜晚我说: 一天很短, 人不能穷尽一个原子。

2

夜是不会消失的。我知道, 它藏在白天的心里。

3

我什么也不会忘记。世界将忘记一切。

4

我生活在我的思想之中。那把我从中拉了出来的人，是我的救星，还是我的仇敌？

5

幸运的和不幸的人们呵，你们实际上经历过的一切，我在心灵中都经历过。

6

我年轻得涨满情欲又在情欲的爆炸中失去了躯体，我老得堆满记忆又在记忆的重压下遗忘了一切。

7

有时候,我觉得人类的一切观念在我头脑里都消失得无影无踪了,都成了毫无意义的声音和符号。于是,我感到一种解脱,又感到一种惶恐。

8

我会厌倦一本书,一个人,一间屋子,一座山丘,一条河流,可是,我怎么会厌倦新鲜空气呢?

9

有时候我想:一个人一辈子永远是自己,那也是够单调乏味的。

10

近了,会厌倦。远了,会陌生。不要走近我,也不要离我远去……

11

当我忙忙碌碌时，我多么厌恶自己。宿舍熄灯了，一个十七岁的大学生蹲在走廊的灯光下写诗。我喜欢那时候的我。

12

我生平的野心是，靠我的才能使你的魅力不朽，靠你的魅力使我的才能不朽。

13

这里是我的生命的果实。

请吧，把你们选中的吃掉。剩下的属于我自己，那是我的最好的果实。

14

即使我没有更多的东西可让你们回忆，我也要提供更多的东西让你们忘却。

15

尽管世上有过无数片叶子，还会有无数片叶子，尽管一切叶子都终将凋落，我仍然要抽出自己的绿芽。

16

我预感到在进入永恒的黑夜之前，会有一个耀眼的白昼，在正午太阳的暴晒下，没有阴影，没有色彩，没有思想，没有苦恼……

17

我不是为你，而是为我自己写的。不过，如果没有你，我就写不出这一切。

18

我始终摆脱不了尴尬，有时是因为我太年轻，世界太老；有时是因为世界还年轻，我却老了。

19

我突然感到这样忧伤。我思念着爱我或怨我的男人和女人，我又想到总有一天他们连同他们的爱和怨都不再存在，如此触动我心绪的这小小的情感天地不再存在，我自己也不再存在。我突然感到这样忧伤……

20

我的情感和理智都是早熟的，意志和经验却永远也成熟不了。

比起那些冷静的人，我有太多的情感。比起那些放纵的人，我有太多的理智。这正是我的不幸。

21

有一天我突然发现，爱情、事业、友谊、名声都消逝了，但我还活着，活得如此单纯坦然。

22

此刻我心中涌现出一些多么生动的感觉，使我确信我活着——正是我，不是别人，这个我不会和别人混同。于是我想，在我的生命中还是有太多的空白，那时候感觉沉睡着，我浑浑噩噩，与芸芸众生没有什么两样。

23

和太强的人在一起，我会感觉不到自己的存在。和太弱的人在一起，我会只感觉到自己的存在。只有和强弱相当的人在一起，我才同时感觉到两个人的存在，在两点之间展开了无限的可能性。

24

种种感触、思绪从心中流过，伸手去捕捉，湿漉漉的手依然是空的。但干吗要去捕捉呢？

25

花的蓓蕾，树的新芽，壁上摇曳的光影，手的轻柔的触摸……它们会使人的感官达于敏锐的极致，似乎包含着无穷的意味。相反，繁花簇锦，光天化日，热烈拥抱，真所谓信息爆炸，但感官麻痹了，意味丧失了。

26

夜里睡了一个好觉，早晨起来又遇到一个晴朗的日子，便会有一种格外轻松愉快的心情，好像自己变年轻了，而且会永远年轻下去。

27

繁忙中清静的片刻是一种享受，而闲散中紧张创作的片刻则简直是一种幸福了。

28

梦是景象的流动和重叠。

梦是流水，睡眠是船。水能载舟，也能覆舟。梦的流速均匀时，睡眠最佳。

29

这么好的夜晚，宁静，孤独，精力充沛，无论做什么，都觉得可惜了，糟蹋了。我什么也不做，只是坐在灯前，吸着烟……

我从我的真朋友和假朋友那里抽身出来，回到了我自己。只有我自己。

这样的时候是非常好的。没有爱，没有怨，没有激动，没有烦恼，可是依然强烈地感觉到自己的生存，感到充实。这样的感觉是非常好的。

一个夜晚就这么过去了。可是我仍然不想睡觉。就是这样的一种时候，什么也不想做，包括睡觉。

30

身不由己地卷进大团圆的旋涡，可我始终像个外人，不能感受别人的激动和热烈。有时自以为超脱，有时又不免感到凄凉。我没有家，没有故乡，没有籍贯。文明把我的保护层一层层地剥了去，然后把一个赤裸裸的我抛在世上。

可是，有了你，我的生命终于在这个世界扎了根。我的病态的悲观从你的健康的欢乐中受孕，于是，在我枯萎之前，我还来得及在这世界上结下果实。

态　度

1

我信任每一个怀疑自己的人。我怀疑每一个过于自信的人。

2

当我在一个恶人身上发现一个美德，我就原谅了他的一千件恶行。

当我在一个善人身上发现一个伪善，我决不肯因为他的一千件善行而原谅他的这一个伪善。

3

我无求于人。求朋友会伤害我的虚荣心,求敌人会伤害我的骄傲。

我不愿使人为难,也不愿自讨没趣。

4

当我注定要与一个人敌对时,我不怕我的敌手太恶,而怕他太善,使我不能下决心与他交战。

5

遇见一个对我怀有好感和善意的人,我会感到羞怯不安。我不知道对他说什么。打招呼,太客套;默不作声,太无礼;说说心里话,又太唐突。

倒是见了那种对我怀有恶意的人,我可以心安理得地从他身旁走过,看都不看一眼。

6

除了平庸,一切都可以忍受。然而,我受不了的只是自己的平庸。

至于别人的平庸，只要不冒充为高明，我是乐于原谅的。

7

当我享受时，我最受不了身边坐着一个苦行僧，因为他使我觉得我的享受有罪，使享受变成了受苦。

8

我最憎恶的品质，第一是虚伪，第二是庸俗。虚伪是一种冒充高尚的庸俗，因而是自觉的庸俗，我简直要说它是有纲领、成体系的庸俗。单纯的庸俗是消极的，虚伪却是积极的，它富有侵略性。庸俗是小卒，唯有推举虚伪为元帅，才能组成一支剿杀优秀灵魂的正规军队。诚然，也不该低估小卒们的游击战的杀伤力。

9

平时我受不了爱讲废话的人，可是，在某些社交场合，我却把这样的人视为救星。他一开口，我就可以心安理得地保持缄默，不必为自己不善于应酬而惶恐不安了。

10

在一次长途旅行中，最好是有一位称心的旅伴，其次好是没有旅伴，最坏是有一个不称心的旅伴。

11

一件事情，即使是我感兴趣的，一旦作为任务规定下来，非做不可，我就会忽然提不起兴趣来。

当然，还有另一种情况：如果没有某种外部强制，只凭兴趣，也许一件事情也不能做到底。

12

悲观出哲学家，忧郁出诗人，我不知道也不想知道烦恼出什么。

13

当我们在诗和哲学的天地中悠游和寻求着的时候，偶尔会听见来自尘世的新闻：某某高升了，某某出名了，某某发财了……

你有什么感想？

我的朋友答道: 各得其所。

14

有一种人追求成功, 只是为了能居高临下地蔑视成功。

15

我爱人世的不幸胜过爱天堂的幸福。我爱我的不幸胜过爱他人的幸福。

16

我不愿用情人脸上的一个微笑换取身后一个世代的名声。

17

我所厌恶的人, 如果不肯下地狱, 就让他们上天堂吧, 只要不在我眼前就行。

我的嫉妒也有洁癖。我决不会嫉妒我所厌恶的人, 哪怕他们在天堂享福。

18

在某一类人身上不值得浪费任何感情，哪怕是愤怒的感情。

我把这一点确立为一个原则，叫作：节省感情。

19

在不能说真话时，宁愿不说话，也不要说假话。

必须说假话的场合是极其稀少的。

不能说真话而说真话，蠢。不必说假话而说假话，也蠢。

如果不说话也不能呢？那就说真话吧，因为归根到底并不存在绝对不能说真话的情况，只要你敢于承担其后果。

20

我就怕人讲理。我就怕人不讲理。我就怕不知道人讲不讲理。

21

他们很狂，个个都是天下第一。我能说出的狂言只有一句："我是天下第一不狂的人。"

22

“你智慧吗？”

“当然——因为我不聪明。如果不智慧，我还有什么优点呢？”

23

猥琐假冒神圣乃是最无耻的亵渎神圣。夜里我不断梦见一个句子——

“子曰他妈的！”

思　想

1

一个聪明人说："不把真理说得太过分，就可以把它说得久一些。"

但也可能相反：没有人注意这位有分寸的导师。世人往往不理睬平和的真理，对极端的真理则大表震惊和愤慨，然后就悄悄打折扣地接受。一切被人们普遍接受并长久流传的真理，在其倡导者那里几乎都是极端的，说得太过分的，只是后来才变得平和持中。

2

新思想的倡导者在某种程度上都是偏执狂，他对自己的发现有一种狂热，每每把它绝对化。一种新思想无非是看事物的一个新角度，仅仅是一个角度，但倡导者把它看作唯一的角度，把它变成轴心了。就让他这样做好了，否则很难引起世人的注意。只有这样做，才可能使人们摆脱习惯的角度，接受新的角度。在人类文化发展过程中，他的偏执并无大害，迟早会被克服，而他发现的新角度却永远保留下来了，使得人类看事物的角度日益多样、灵活、自由。于是，偏执辩证地导致了灵活。

3

"你也来创造一种新思想。"

"新思想？天底下哪有什么新思想？人类的历史实在太漫长了，凡是凭人类的脑袋想得出来的思想，在历史上都已经提出过了。人们是很迟钝、很粗心的，面对五花八门的世界，什么印象也形不成。于是有人出来把世界的某一因素加以夸大，说成是世界的轴心，大事宣扬一番。人们这才有了印象，并且承认这样做的人创造了新思想，是思想家。这派夸大了这个因素，那派夸大了那个因素，待到所有的因素都被夸大过了，又有人出来兼收并蓄，加以综合，于是又算提出了新思想，又成一派。以后呢，人类是很健忘的，它换个儿崇拜各种思想然后换个儿把它们忘掉，于是有人把人类早已遗忘的某种思想用新的术语装饰一番，重新搬出来，又算是创造了新思想。这就是人类的一部思想发明史，一部文化史。"

4

论误解的必然和必要：人类思想凭借误解而发展；独立的思想家凭借误解前人思想而形成；诠释是自我生长的一种方式。当一个大师解释另一个大师时，难免发生曲解，因为他自己的思想太强大了，犹如强磁场，使一切进入这磁场的事物都发生了扭曲。例如海德格尔对尼采的解释。

5

一个思想家一旦形成他一生中的主导思想，他便成熟了，此后他只是在论证、阐释、应用、发挥、丰富他的这个主导思想。很少有人根本改变自己的主导思想，而且其结果往往是不幸的——多半不是确立了一个新的主导思想，而只是转入了别人的思想轨道，丧失了自己的活力和特色。唯有旷世大才能够经历主导思想的根本转折而又不丧失活力和特色。在当代哲学家中，仅可举出海德格尔和维特根斯坦二人而已。

6

人类思维每每开出相似的花朵，相隔数千年的哲人往往独立地发现同一真理。这与其说是因为人类心理结构的一致，不如说是因为人类境遇的一致。不管社会如何变化，人类总的境遇是始终如一的。

7

我愈来愈不信任哲学和文学中的所谓客观研究，我也愈来愈厌烦那种面面俱到、四平八稳的评述文章。你喜欢谁，你就去研究谁好了。你在哪些方面与他发生强烈的共鸣或抗争，你就去写那些方面好了。至于其他的人和方面，只要真正有价值，自会有相宜的人对之发生共鸣和抗争，由他们来研究和写作总比由你来研究和写作更合适。我想，在思想史领域中，如果我们的作者都去写自己真正感兴趣的思想家，并且仅限于写自己真正有感受的侧面，如此产生的成果放到一起，要比人人都写面面俱到的评介文章更能反映思想史和思想家的真实面貌，“主观”的方式达到了更“客观”的效果。

8

开放不是兼收并蓄。一种思想有其独特性，又能与其他思想对话，这就是有开放性了。

9

第一种人有常识，没有思想，但也没有思想的反面——教条。他们是健康的，像动物一样健康。

第二种人有常识，也有教条，各有各的用处。工作用教条，生活靠常识。他们是半健康的。

第三种人完全缺乏常识，全然受思想的支配，或者全然受教条的支配。从常人的眼光看来，他们是病人，前者是疯子，后者是呆子。

10

思想停止了，才有思想。一切思想都是回忆。

11

感情的极端是痴，思想的极端是疯。

12

有时思想孕育于沉默，而靠谈话催产。有时思想孕育于谈话，而靠沉默催产。

13

感觉与感觉之间没有路，只能跳跃。思想与思想之间有漫长的路，必须跋涉。前者靠灵巧，后者靠耐力。

14

思想是一份一经出版就被毁掉的原稿，学问便是各种充满不同印刷错误的版本，每一种都力图证明自己最符合原稿。

15

讨论什么呢？我从来觉得，根本问题是不可讨论的，枝节问题又是不必讨论的。

16

真理是人人知道而只有一个人敢说出来的东西。

不过，也可能相反：真理是人人都不知道而只有一个人知道却不肯说出来的东西。

17

谎言重复十遍就成了真理——当然是对那些粗糙的耳朵来说。

还有另一种情形：真理重复十遍就成了谎言——对于那些精致的耳朵来说。一个真理在人云亦云的过程中被抹去了个性，从而丧失了原初的真实性。精致的耳朵是宁愿听到有个性的谎言,而不愿听到无个性的真理的。不妨说,有个性的谎言比无个性的真理更为“真实”。

18

智慧无国籍。无论东西方,都有过一些彻悟人生底蕴的智者,他们的思想是全人类的共同财富。在这方面,谈不上东西方优劣的比较。为了疗治现代文明的弊病而求诸东方文化,乃断章取义之论。正确的提法是,全人类共同继承各民族历史上的优秀文化遗产。

19

在精神创造的领域内,不可能有真正的合作,充其量只能有交流。在这个领域内,一切严肃伟大的事情都是由不同的个人在自甘寂寞中独立完成的。他们有时不妨聚在一起轻松地玩玩,顺便听听别人在做些什么事,以便正确估价自己所做的事。这是工作之余的休息,至于工作,却是要各人关起门来单独进行的。

信 仰

1

有信仰者永远是少数。利益常常借信仰之名交战。

2

信仰是情感的事,理性不利于信仰。在一个宗教内部,虔信者大多是一些情感强烈理性薄弱的人。理性强烈情感薄弱的人无意做信徒。介于两者之间的是情感和理性皆强的怀疑者,他们渴望信仰而不易得,精神上最痛苦,以及情感和理性皆弱的盲从者,他们实际上并无信仰,只是随大流罢了。

3

怀疑来自过分认真。无所用心的人从不怀疑，但也没有信仰。当然，这不妨碍他们以信仰的名义绞杀怀疑者。

4

弟子往往比宗师更偏执。宗师的偏执多半出于一种创造的激情，因而本质上包含着对新的创造的宽容和鼓励。弟子的偏执却是出于盲信或利益，本质上是敌视创造性的。

5

一种信仰无非就是人生根本意义问题的一个现成答案。有两种人不需要信仰，一种是对此问题从不发问的人，另一种是决心自己去寻找答案的人。前者够不上信仰，后者超越了信仰。

6

不相信一切形式的上帝，并不妨碍一个人对人生持有某种基本的信念。

所以，我不是虚无主义者。

7

当信徒是少年人的事，收信徒是老年人的事。前者还幼稚，后者已腐朽。

要我当信徒，我已太不幼稚。要我收信徒，我还不够腐朽。

8

乌纳穆诺说，信仰就是愿意相信，信仰上帝就是希望真有一个上帝。此话道出了宗教的真相。所以，真正的基督徒绝不是盲信者，而是渴求者，充满着内心冲突，他一辈子在努力使自己相信他并不真正相信的上帝。伟大的基督徒，如奥古斯丁、帕斯卡尔、克尔恺郭尔，内心深处从未摆脱过怀疑的折磨。

9

上帝存在于人的局限性之中。

人在何处看到自己不可逾越的界限，就在何处安放一个上帝。

10

有一天人突然发现自己是大地上的孤儿，于是就为自己生下了一个父亲——上帝。

11

古希腊人凭本能相信神灵，中世纪人凭逻辑相信上帝。现代人用理性扼杀了本能，又用非理性摧毁了逻辑，于是只好跋涉在无神的荒原上。

12

世上有虔信者，就必定有奇迹。奇迹在虔信者的心里。

13

奇迹是绝望者的希望。

一个不相信奇迹的绝望者是一个真正的绝望者，他已经失去了一切希望；或者，是一个勇敢的绝望者，他敢于不要任何希望而活着。

14

偶像崇拜是一种矛盾情结，本身交织着对偶像的爱和惧，虔信的迷狂和亵渎的渴望。所以，一夜之间，狂热的崇拜就可以突变为同样狂热的破坏。

15

在历史上，宗教狂热不但使异端惨遭杀身之祸，而且每每殃及信徒自己。且不说一切宗教必然制造的大量冤假错案，只要想一想那种大规模的疯狂的朝圣活动就足够了，这种活动多半会造成人群自相践踏的骚乱以及宗教当局对骚乱的无情镇压。我仿佛看到了牧人屠杀羊群的情景，多么荒唐，又多么无可非议！

16

释道二教，其原初的出发点都是一种哲学的觉悟，要摆脱生死的纠缠。但是，一经传播，便离初衷愈来愈远。适意淡泊的老庄哲学变成了装神弄鬼的妖术，虚无悲观的佛陀哲学变成了积善图报的谋略。大乘宣称要普度众生，为此不惜方便说法，把佛理改造得适合众生的口味，其结果真不知是佛把众生度出了苦海，还是众生把佛度入了尘嚣。

17

教堂的原型是天国，庙的原型是地府。天国有音乐、烛光和不露形迹的上帝，地府有咒语、香火和面目狰狞的塑像。西方人向往灵魂的不朽，中国人渴求肉身的长存。

精神现象

1

偏才或有强的感情，或有强的理智，或有强的意志。全才三者俱强，因而要忍受最强烈的内部冲突，但也因此有最深刻的体验和最高的成就。最强的本能受到最深的潜抑，从而有最耀眼的升华。例如歌德。

2

真善美的统一，也许只是诗人的梦想，哲学家的逻辑游戏，道德家的说教。事实上，只有三者都弱，才能相安无事，如果它们都很强，碰到一起，不能不发生冲突。

3

一个人,一个民族,精神上发生危机,恰好表明这个人、这个民族有执拗的精神追求,有自我反省的勇气。可怕的不是危机,而是麻木。

4

心灵的财富也是积累而成的。一个人酷爱精神的劳作和积聚,不断产生、搜集、贮藏点滴的感受,日积月累,就在他的内心中建立了一个巨大的宝库,造就了一颗丰富的灵魂。在他面前,那些精神懒汉相比之下终于形同乞丐。

精神乞丐?可是精神的财富是可以乞讨而得的么,哪怕拥有者愿意施舍?何况,物质上愈是贫穷的人就愈知道金钱的价值,认识精神财富的价值却需要精神的眼睛,而精神贫乏的人必定也在精神整体上发育不良,他的精神眼睛是盲的,甚至连乞讨的愿望也没有。

物质上的贫富差别显而易见,于是穷人起而反抗,并且把带头揭露此种差别的人视为英雄和救星。可是,精神上的贫富差别唯有富者看得分明,倘若他直言不讳地揭露此种差别,就会被视为罪人,宽容一点吧,便是狂人和疯子。

物质上的贫富差别,受害者是穷人,他受肉体冻馁之苦。精神上的贫富差别,受害者是富人,他受精神孤独之苦。

5

一切精神的创造，一切灵魂的珍宝，到头来都是毁于没有灵魂的东西之手：老鼠、蛀虫、水、火、地震、战争、空气、时间……

6

我们身上的任何一个器官，当它未被欲望、冲突、病痛折磨时，我们是感觉不到它的存在的。灵魂也是如此。如果没有善与恶、理性与本能、天堂与地狱的角斗和交替，灵魂会是一个什么东西呢？

7

基督教的忏悔，在伦理上是虚伪的，在心理上又是必要的。没有这种自欺的坦白，基督徒如何能忍受良心的重负呢？不借自我谴责来宽恕旧恶，人如何有力量为新恶呢？异教不承认善恶的界限，基督教用忏悔消除善恶的界限，结果都为恶——人的本能——开了方便之门，殊途而同归。

8

一个行为有两个动机，一个光明，浮在表面；一个晦暗，沉在底里。当它们各居其位时，灵魂风平浪静。有谁想把它们翻一个个儿，灵魂就会涌起惊涛骇浪。

9

在幸福时，人也会有良心的斗争，但那良心是在脑子里，斗来斗去只是头痛。只有在苦难中，回首往事，良心发现，这时的良心才在心灵中，人才真正感到心痛。

10

我们的心灵上都罩着各式滤色镜，只允许某些种类的光线透出，遮住了另一些种类的光线。于是，连自己也无法看清自己内心的复杂的丰富的色彩。一切都合理化了，也贫乏化了。然后，滤色镜又对经过它过滤的即被它批准的心灵品质下判断，用道德上的自豪感来平息我们的不安。

11

当你做一件事，完全预料到它的坏结果之时，或者完全预料不到它的坏结果之时，坏结果发生了，你不会内疚。因为在前者，你可以承担责任，在后者，你可以推卸责任。

内疚发生在对坏结果有所预感但又希望避免的情形下，那时候，你既不能承担责任，因为你本来是想要避免的，又不能推卸责任，因为你本来是可以避免的。

存心伤害一个人，或一个完全正当的行为无意中伤害一个人，都不会内疚。只有一个本身可非议的行为无意中伤害一个人，才会内疚。

12

假如你平白无故地每月给某人一笔惠赠，开始时他会惊讶，渐渐地，他习惯了，视为当然了。然后，有一回，你减少了惠赠的数目，他会怎么样呢？他会怨恨你。

假如你平白无故地每月向某人敲一笔竹杠，开始时他会气愤，渐渐地，他也习惯了，视为当然了。然后，有一回，你减少了勒索的数目，他会怎么样呢？他会感激你。

这个例子说明了人类感激和怨恨的全部心理学。

13

早年受挫的小愿望是怎样地困扰着我们呵。一位著作等身的大作家,也许会念念不忘要在拒绝刊登他的处女作的某个小刊物上发篇东西。一个享尽山珍海味的大富翁,也许会把贫困的童年时代求而不得的某种小点心视为最美味的食品。

14

文明之对于不同的人,往往进入其不同的心理层次。进入意识层次,只是学问;进入无意识层次,才是教养。

15

有两种人最不会陷入琐屑的烦恼,最能够看轻外在的得失。他们似是两个极端:自信者和厌世者。前者知道自己的价值,后者知道世界的无价值。

16

世上许多事,只要肯动手做,就并不难。万事开头难,难就难在人皆有懒惰之心，因为怕麻烦而不去开这个头，久而久之，便真觉得事情太难而自己太无能了。于是，以懒惰开始，以怯懦告终，懒汉终于变成了弱者。

17

意识形态和人生智慧是两回事，前者属于头脑，后者属于心灵。人与人之间能否默契，并不取决于意识形态的认同，而是取决于人生智慧的相通。

一个人的道德素质也是更多地取决于人生智慧而非意识形态。所以，在不同的意识形态集团中，都有君子和小人。

社会愈文明，意识形态愈淡化，人生智慧的作用就愈突出，人与人之间的关系也就愈真实自然。

18

一本浅薄的书，往往只要翻几页就可以察知它的浅薄。一本深刻的书，却多半要在仔细读完了以后才能领会它的深刻。

一个平庸的人，往往只要谈几句话就可以断定他的平庸。一个伟大的人，却多半要在长期观察了以后才能确信他的伟大。

我们凭直觉可以避开最差的东西，凭耐心和经验才能得到最好的东西。

19

天性健康者之间容易彼此理解，天性病态者之间往往互相隔膜。原因何在?

套一句托尔斯泰的话——

健康与健康是相似的，病态和病态却各不相同。

20

友谊是宽容的。正因为如此，朋友一旦反目，就往往不可挽回，说明他们的分歧必定十分严重，已经到了不能宽容的地步。

只有在好朋友之间才可能发生绝交这种事，过去交往愈深，现在裂痕就愈难以修复，而维持一种泛泛之交又显得太不自然。至于本来只是泛泛之交的人，交与不交本属两可，也就谈不上绝交了。

21

人品和才分不可截然分开。人品不仅有好坏优劣之分，而且有高低宽窄之分，后者与才分有关。才分大致规定了一个人为善为恶的风格和容量。有德无才者，其善多为小善，谓之平庸。无德无才者，其恶多为小恶，谓之猥琐。有才有德者，其善多为大善，谓之高尚。有才无德者，其恶多为大恶，谓之邪恶。

22

懦弱:懦则弱。顽强:顽则强。那么,别害怕,坚持住,你会发现自己是个强者。

23

在较量中,情绪激动的一方必居于劣势。

24

有精神洁癖的人在污蔑面前最缺乏自卫能力。平时他不屑于防人,因为他觉得防人之心也玷污了自己精神上的清白。一旦污水泼来,他又不屑于洗刷,他的洁癖使他不肯触碰污水,哪怕这污水此刻就在他自己身上,于是他只好怀着厌恶之心忍受。

25

当我们被人诬蔑,加以莫须有的罪名时,我们愤怒了。当我们被人击中要害,指出确实有的污点时,我们更加愤怒了。

26

我们喜欢听赞扬要大大超过我们自己愿意承认的程度，尤其是在那些我们自己重视的事情上。在这方面，我们的趣味很不挑剔，证据是对我们明知言过其实的赞扬，我们也常常怀着感谢之心当作一种善意接受下来。我们不忍心把赞扬我们的人想得太坏，就像不放心把责备我们的人想得太好一样。

27

很少有人真心蔑视名声。一个有才华的人蔑视名声有两种情况：一是他没有得到他自认为应该得到的名声，他用蔑视表示他的愤懑；一是他已经得到名声并且习以为常了，他用蔑视表示他的不在乎。真的不在乎吗？好吧，试着让他失去名声，重新被人遗忘，他就很快又会愤懑了。

28

一个姑娘说："我自己是自己的人质。"什么意思呢？

她或许是说：我自己掌握着自己的命运，我把自己抓在手心里，想怎么处置就怎么处置，我是多么自由。

她或许是说：我处在自己的暴力之下，作为自己的人质，我已经丧失自由，不断受自己的折磨，甚至终于要被自己枪毙。

一颗阴郁的灵魂。同一个自我，既是狱吏，又是囚犯；既是施虐者，又是受虐者。她把心灵的门窗封闭起来，只是为了更尽兴地鞭笞自己。人间给她的欢乐太少，她就在自己身上施行报复，同时也向人间报复——她囚禁自己就是为了不把自己交给人间。

29

当我们缺少一样必需的东西时，我们痛苦了。当我们渴求一样并非必需的东西而不可得时，我们十倍地痛苦了。当我们不可得而别人却得到了时，我们百倍地痛苦了。

就所给予我们的折磨而言，嫉妒心最甚，占有欲次之，匮乏反倒是最小的。

30

嫉妒是对别人的快乐（幸福、富有、成功等等）所感觉到的一种强烈而阴郁的不快。

在人类心理中，也许没有比嫉妒更奇怪的感情了。一方面，它极其普遍，几乎是人所共有的一种本能。另一方面，它又似乎极不光彩，人人都要把它当作一桩不可告人的罪行隐藏起来。结果，它便转入潜意识之中，犹如一团暗火灼烫着嫉妒者的心，这种酷烈的折磨真可以使他发疯、犯罪乃至杀人。

31

成功有两个要素，一是能力和品质，二是环境和机遇。因此，对成功者的嫉妒也相应有两种情况，一是平庸之辈的嫉贤妒能，另一是怀才不遇者的愤世嫉俗。

32

当嫉妒不可遏止时，会爆发为仇恨。当嫉妒可以遏止时，会化身为轻蔑。

在仇恨时，嫉妒肆无忌惮地瞪视它的目标。在轻蔑时，嫉妒转过脸去不看它的目标。

33

强者和弱者都可能不宽容，但原因不同。强者出于专横，他容不得挑战。弱者出于嫉妒，他经不起挑战。

真正的精神强者必是宽容的，因为他足够富裕。嫉妒是弱者的品质。

34

嫉妒是蔑视个人的道德的心理根源之一。每一个人按其本性都是不愿意遭到抹杀的,但是,嫉妒使人宁肯自己被抹杀也不让更优秀者得到发扬。在一概抹杀之中,他感到一种相对的满足:与损失更大的人相比,他几乎可以算是获利了。

35

理性早熟者的危险是感性发育不良。凡别人必须凭情感和经验体会的东西,他凭理性就理解了。于是就略去了感性的过程,久而久之,感性机能因为得不到运用而萎缩了。

36

浪漫主义的可笑在于失去了欣赏者。

37

无聊是对欲望的欲望。当一个人没有任何欲望而又渴望有欲望之时,他便感到无聊。

38

朋友们开玩笑，要建立一门隐私学，包括各个分支：隐私心理学、隐私社会学、隐私伦理学、隐私美学……

隐私是一种重要的文化现象。对隐私的暴露欲和窥视欲，也许是文化的动力之一。

社会的隐私度与文明度成反比。社会愈文明，对私生活就愈宽容，隐私就愈少。

每个人承担隐私的心理容量是一个常数，因此，隐私超负荷，或宣泄渠道堵塞，都会造成心理疾患。

隐私，心灵中最黑暗也最光明的一隅，在那里，“自我”在密室中赤身裸体。

分享隐私，人际交往中最猥亵也最神圣的一刻，爱与恨、信任与猜疑的焦点。

39

我买了一张书桌，抬回家，才发现桌面上划破了一块。于是，几个钟点内，老是看见这斑点，老是想着这斑点。整张桌子不见了，浓缩成了这一个斑点。当它不属于我时，我对斑点视而不见，那是一个可以忽略不计的小缺点。一旦它属于我，就是怎么也看不顺眼的致命弱点了。物如此，人是否也如此呢？

40

她们谈得很热烈。

“我这道题错得太冤枉……”

“是呀，我明明复习过的，可当时怎么也想不起来了……”

谈话按照这相同的方式进行着，各人只是说着自己的事，可是居然互相能接上茬，居然没有中断，居然很热烈。

交谈往往如此，每人都乘机发泄一下谈谈自己的热望。女人尤其如此。

41

一个幼儿摔倒在地，自己爬了起来。他突然看见妈妈，就重新摆出摔倒的姿势，放声大哭。

我们成年人何尝不是如此。试想种种强烈的情绪，愤怒或痛苦的姿态，如果没有观众在场，其中有多少能坚持下去？

世态人情

1

假如某人暗中对你做了坏事，你最好佯装不知。否则，只会增加他对于你的敌意。他因为推测到你会恨他而愈益恨你了。

2

怨恨者的爱是有毒的，吞食这爱的人必呕吐。

3

有的人的所谓诚实是出卖别人的信任。

4

主说，富人进天堂比骆驼钻针眼还难。我听见富人狂笑着答道：主呵，没有一只骆驼想要钻针眼，没有一个富人想要进天堂！

5

人之常情是喜欢接近成功的人、走运的人，而避开失败的人、倒霉的人。这倒未必出于趋炎附势的算计，毋宁说是出于趋利避害、趋乐避苦的本能。成功者的四周洋溢着一种欢快的气氛，进入这氛围似乎便分享了他的欢快。相反，失败者即使不累及旁人，他的那一种晦气也够令人感到压抑了。情绪是会传染的。每个人自己的烦恼已经嫌多了，谁又愿意再去分担别人的烦恼呢？

当然，我只说人之常情，不包括超出常情的特殊情形。

6

他老是想挤入名人的宴席。哪里有名人聚宴，他就在门外探头探脑，在名人的高谈阔论中插上几句不着边际的话。结果，他比任何名人都更频繁地在名人聚集的场合露面，他想他一定也是名人了。

可惜的是，小丑在舞台上窜得再频繁，也仍然只是个小丑。

7

有的人似乎自尊心极强，但不是以积极的方式去维护自尊心。他不去追求成功，而只是为失败恼怒。他不是主动寻求自尊心的满足，而只是被动地抵制损害自尊心的因素。所以，自尊心带给他的不是快乐，而是无穷无尽的折磨和烦恼。

8

人智者必谦和，大善者必宽容。唯有小智者才咄咄逼人，小善者才斤斤计较。

9

我相信，骄傲是和才能成正比的。但是，正如大才朴实无华，小才华而不实一样，大骄傲往往谦逊平和，只有小骄傲才露出一副不可一世的傲慢脸相。有巨大优越感的人，必定也有包容万物、宽待众生的胸怀。

10

狂妄者往往有点才气，但无知，因无知而不能正确估量自己这一点才气。这是少年人易犯的毛病，阅历常能把它治愈。

傲慢者却多半是些毫无才气的家伙，不但无知，而且无礼，没有教养。这差不多是一种人格上的缺陷，极难纠正。

11

两种人最自信：无所不知者和一无所知者。后者的那份狂热自信有时真会动摇我们自己的原本就不坚定的自信，使我们胆怯地以为又遇到了一个无所不知者。

12

人是会由蠢而坏的。傻瓜被惹怒，跳得比聪明人更高。有智力缺陷者常常是一种犯罪人格。

13

“走自己的路，让他们去说吧！”——因为他们反正是要说的！你的幸与不幸并不关他们的痛痒，他们不过是拿来做茶余饭后的谈资罢了。所以，你完全不必理会他们，尤其在关涉你自身命运的问题上要自己拿主意。须知你不是为他们活着，至少不是为他们茶余饭后的闲谈活着。

14

有一种人的灵魂装有扩音器，每一种声响都夸大许多倍地播放出来，扰乱世界和邻人的安宁。于是他们自以为拥有一颗多么动荡不安、多么丰富的灵魂了。

15

一种女人向人展示痛苦只是为了寻求同情，另一种女人向人展示痛苦却是为了进行诱惑。对于后者，痛苦是一种装饰。

16

有的人头脑肆无忌惮而躯体安分守己，有的人头脑安分守己而躯体肆无忌惮。

17

牛顿说自己是站在巨人肩膀上的人，这话说得既自豪又谦虚，他以这种方式表达了一位巨人对于被自己超过了的前辈的尊敬。

倘若这话从一个寄生在巨人身上的侏儒口中说出，就只能令人啼笑皆非了。

18

撒谎是容易的，带着这谎活下去却是麻烦事，从此你成了它的奴隶，为了圆这谎，你不得不撒更多的也许违背你的心愿且对你有害的谎。

19

在失去想象力的大人眼里，孩子的想象力也成了罪过。

20

电视机屏幕上，一头大象有计划地谋杀人类，最后终于把巨牙刺进了影片主角的腹中。

一个中国小观众的遗憾：“这是上集吧？一定有下集——大象被杀死了。”

21

他们刚上车，彼此争行李架，像仇敌。车开了，安定下来了，为了解闷，彼此搭话。其中一位到站了，另一位就从他们曾经争夺过的行李架上帮他搬下行李，送到车门口，如同老朋友。

狭小的空间强迫人们竞争，也强迫人们亲近。

22

有时候，为了办成一件聪明事，只好违心干十件蠢事。你干了十件蠢事，人家会赞许你，对你放心，于是你乘势办一件聪明事，不等他们明白过来，你再接着干十件蠢事，他们又放心了，就不去追究那一件聪明事了。

这就是今日改革者们的处境。

23

专制国家把病人当罪人，民主国家把罪人当病人。后者的高明之处是不以法官自居，但它毕竟是以医生自居，并且常常忘掉一个常识：医生也会生病的。

24

同样的缺陷，发生在一些人身上，我们把它看作疾病，发生在另一些人身上，我们把它看作罪恶。我们有时用医生的眼光看人，有时用道德家的眼光看人。

医生把罪犯看作病人，道德家把病人看作罪犯。医生治国，罪犯猖獗。道德家治国，病人遭殃。

在医生眼里，人人都有病。在道德家眼里，人人都有罪。医生怜悯人类，道德家仇恨人类。怜悯人类的人自己有病，仇恨人类的人自己有罪。

25

任何有价值的东西一旦成为时髦，就必然贬值。现在兴起所谓“文化热”，对文化毫无兴趣的人也言必谈文化了。

我的朋友叹道：“就这一块清净地方，现在也待不得了！”

26

无论“文化热”，还是“文化低谷”，都与真正爱文化者无关，因为他所爱的文化是既不会成为一种时髦，也不会随市场行情低落的。

27

在中国生活最需要的是忍耐。到商店买东西，售货员不搭理，你得忍耐。向官府呼冤，久不审理，你得忍耐。住宅狭小，空气阳光不足，你得忍耐。写了一本书，压在出版社的抽屉里，你得忍耐。甚至性欲亢奋，你也得忍耐。

每一个人不断忍耐的结果，便是怨气郁结，有机会便发无名火，于是又成了别人必须忍耐的一个对象。

28

竖子成名，遂使世无英雄。

29

当庸俗冒充崇高招摇过市时，崇高便羞于出门，它躲了起来。

30

一家小饭店，两个外国人坐着吃面条。邻桌上，一个醉汉破口大骂洋人和洋奴。外国人吃完了，回过头向醉汉借打火机，醉汉立刻住口，送上打火机。外国人走了，走到门口，醉汉冲着他们的背影啐了一口唾沫，接着又开始骂。刚才是骂洋人有钱，现在是骂：

"他妈的，两角钱吃一碗面条，还不如我！"

小市民式的爱国主义的缩影。

31

谗言伤人，谣言杀人，谀词求宠，谏词招祸。查一下以言为部首的中国字吧，语言的名堂可真不少。中国人是深知语言的厉害的，所以有“一言兴邦”、“一言危邦”、“人言可畏”之说。有时候，语言决定着民族、个人的命运。语言甚至预定了人类的生存方式。我不禁想，假如没有语言，人间可省去多少事。可惜的是，没有语言，人也不成其为人了。

禽兽的世界倒是单纯。倘若禽兽有朝一日学会说话，造谣、拍马、吹捧、辱骂之事恐怕会接踵而至，它们也就单纯不下去了。

32

舆论是最不留情的，同时又是最容易受愚弄的。于是，有的人被舆论杀死，又有的人靠舆论获利。

33

在自由竞争状态，自然选择淘汰了劣者。在专制状态，人工选择淘汰了优者。唯有平庸者永远幸免，有最耐久的生命力。

所以，在任何时代，总是平庸文人居多。

34

新秩序正在建立：商人居上，文化商人次之，文化人等而下之。

35

最令人厌恶的是卑怯的恶。以无辜者为人质的恐怖分子，在无人处作案的窃贼，均属此类。

36

无论什么时候，这个世界决不会缺少名人。一些名人被遗忘了，另一些名人又会被捧起来。剧目换了，演员跟着换。哪怕观众走空，舞台决不会空。

当然，名人和伟人是两码事，就像登台表演未必便是艺术家。

37

有钱的穷人不是富人。有权的庸人不是伟人。有学识的笨人不是聪明人。有声誉的坏人不是好人。

38

打一个不确切的比喻：商品的价值取决于必要劳动时间，价格则随市场行情浮动；与此同理，上帝造人（说人的自我塑造也一样）也是倾注了不等的时间和心血的，而价值的实现则受机遇支配。所以，世有被埋没的英雄，也有发迹的小丑。但被埋没的英雄终究是英雄，发迹的小丑也终究是小丑。

死

1

我最生疏的词：老。我最熟悉的词：死。尽管我时常沉思死的问题，但我从不觉得需要想想防老养老的事情。

2

中国的圣人说："未知生，焉知死？"西方的哲人大约会倒过来说："未知死，焉知生？"中西人生哲学的分野就在于此。

3

人人都知道死是必然的,它是一个我们一出生就通报要来访的客人,现正日夜兼程,一步步靠近我们。可是,当它敲响我们的门的时候,我们仍然感到突然,怪它是最唐突的不速之客。

4

其实,爱算不得永恒的主题。人们可能会厌倦于爱,从爱的魅惑中解脱出来。可是,有谁能摆脱死呢?

死是永恒的叹息。它正从书架上挤得紧紧的书册的缝隙里透露出来,写这些书和发这些叹息的文豪哲人如今都已经长眠地下,用死的事实把他们的死的叹息送到我们心里。

5

可怕的不是有,而是无。烦恼是有,寂寞是无。临终的痛苦是有,死后的灭寂是无。

自我意识太强烈的人是不可能完全克服对死的恐惧的,他只能努力使自己习惯于这种恐惧,即消除对恐惧的恐惧。

许多哲学家都教导:使自己愿意死,死就不可怕了。但有一位哲学家说:我不愿意愿意死。

如果不懂得死的恐怖就是幸福，动物就是最值得羡慕的了。

6

自我意识过于强烈的人本能地把世界看作他的自我的产物。于是，他无论如何不能设想，他的自我有一天会毁灭，而作为自我的产物的世界却将永远存在。若说他出生之前的世界，尽管也是没有他而永远存在过，他却能够接受，因为那个世界不是他创造的，是与他无关的。

7

我从来不对临终的痛苦感到恐惧，它是可以理解的，因而也是可以接受的。真正令人恐惧的是死后的虚无，那是十足的荒谬，绝对的悖理。而且，恐惧并非来自对这种虚无的思考，而是来自对它的感觉，这种感觉突如其来，常常发生在夜间突然醒来之时。我好像一下子置身于这虚无之中，不，我好像一下子消失在这虚无之中，绝对地消失了，永远地消失了。然后，当我的意识回到当下的现实，我便好像用死过一回的人的眼光看我正在经历的一切，感觉到了它们的虚幻性。好在虚无感的袭击为数有限，大多数时刻我们沉溺在日常生活的波涛里，否则没有一个人能够安然活下去。

8

“我没有死的紧迫感，因为我还年轻。”

这同年龄有什么关系呢？哪怕可以活一万岁，一万年后的死仍然是死。我十几岁考虑死的问题所受的震颤并不亚于今天。

9

深夜，我躺在床上，手里拿着一本书。这是我每天留给自己的一点享受。我突然想到，总有一天，我也是这样地躺在床上，然而手里没有书，我不能再为自己安排这样的享受，因为临终的时候已经到来……

对于我来说，死的思想真是过于明白、过于具体了。既然这个时刻必然会到来，它与眼前的现实又有多大区别呢？一个人自从想到等待着他的是死亡以及死亡之前的黯淡的没有爱和欢乐的老年，从这一刻起，人生的梦就很难使他入迷了。他做着梦，同时却又知道他不过是在做梦，就像我们睡得不踏实时常有的情形一样。

10

有一回，我脸上长一个疖子，留下了一个疤痕。我对着镜子伤心。转念一想，我平静了：迟早有一天，我的身躯、我的脸，都会在地下腐烂，或烧成一堆灰烬，我为何要为这样一张迟早要毁掉的脸上的一个疤痕伤心呢?

死一视同仁地消灭健康和疾病、美丽和丑陋。对于病者和丑者来说,这竟是一种残酷的慰藉。命运有千万样不公正,最后却归于唯一的万古不移的公正——谁都得死!

但我依然要说:死是最大的不公正。

11

我躺在床上,决定体会一下死的滋味。我果然成功了。我觉得我不由自主地往下坠。确切地说,是身体在往下坠,灵魂在往上升。不对,无所谓上下。只是在分开,肉体和灵魂在分离,越离越远。过去,我是靠我的灵魂来体会我的肉体的存在,又是靠我的肉体来体会我的灵魂的存在的。现在,由于它们的分离,它们彼此不能感应了,我渐渐既不能体会我的肉体的存在,也不能体会我的灵魂的存在了。它们在彼此分离,同时也就在离我远去,即将消失。我猛然意识到,它们的消失意味着我的消失,而这就是死。我、肉体、灵魂,好像是三个点,当它们重叠时,就形成生命的质点,色浓而清晰;当它们分离时,色调愈来愈淡,终于消失,生命于是解体。我必须阻止它们消失,一使劲,醒过来了。

12

普罗米修斯把这也算作他的功德之一:“我把盲目的希望放在人类心里,使他们不再预料着死亡。”

是的，尽管人人都知道自己必死无疑，可是没有一个人愿意预先知道自己死亡的确切日期。

但这有什么用呢？我总能指出一个我肯定已经不在人世的日子，而当我置身于这个日子去想现在的一切，我、我所爱的人、因为我而遭受痛苦的人都已不复存在，这一切追求、选择、激情、苦恼是多么无稽。

13

时间给不同的人带来不同的礼物，而对所有人都相同的是，它然后又带走了一切礼物，不管这礼物是好是坏。

14

当生命力因疾病或年老而衰竭时，死亡就显得不可怕了。死亡的恐惧来自生命的欲望，而生命的欲望又来自生命力。但死亡本身仍然是可怕的，人到那时只是无力感受这种可怕罢了，而这一点本身又更其可怕。

15

善衣冠楚楚，昂首挺胸地招摇过市。回到家里，宽衣解带，美展现玫瑰色的裸体。进入坟墓，皮肉销蚀，唯有永存的骷髅宣示着真的要义。

16

活着总是有所遗憾，但最大的遗憾是有一天要死去。

我们拥有的唯一时间是现在。拥有了现在，我们也就拥有了过去和未来。死意味着现在的丧失，同时我们也就丧失了过去，丧失了未来，丧失了时间。

17

我忧郁地想：“我不该就这么永远地消失。”

我听见一个声音对我说：“人人都得死。”

可是，我的意思是，不仅我，而且每一个人，都不该就这么永远地消失。

我的意思是，不仅我，而且每一个人，都应该忧郁地想：“我不该就这么永远地消失。”

18

对于一切悲惨的事情，包括我们自己的死，我们始终是又适应又不适应，时而悲观时而达观，时而清醒时而麻木，直到最后都是如此。只有死才能结束这种矛盾状态，而到死时，我们不适应也适应了，不适应也无可奈何了，不适应也死了。

19

我死后，一切都和我无关了，包括我所爱的人的命运。但是，它却和活着并且思考着我死后情形的这个我有关。以死为理由劝说自己对人生不动情是没有效力的，相反，正因为我爱人生，我才不能做到对死不动情。

20

“不知老之将至”——老总是不知不觉地到来的。一个人不到老态龙钟，行将就木，决不肯承认自己老。如果有谁自言其老，千万不要认真附和，那样必定会大大扫他的兴。其实他内心未必当真觉得自己老，才能有这份自言其老的自信。中年与老年之间实在也没有明确的分界线。我们二十来岁时觉得四五十岁的人老了，自己到了四五十岁，又会觉得四五十岁并不老，六七十岁才是老人。我们不断地把老年的起点往后推移，以便保持自己不老的纪录。因此，当死神来临时，我们总是感到突然和委屈：还没有老，怎么就要死了？

21

死是最令人同情的，因为物伤其类：自己也会死。

死又是最不令人同情的，因为殊途同归：自己也得死。

22

我们对于自己活着这件事实在太习惯了，而凡是习惯了的东西，我们就很难想象有朝一日会失去。可是，事实上，死亡始终和我们比邻而居，它来光顾我们就像邻居来串一下门那么容易。所以，许多哲人都主张，我们应当及早对死亡这件事也习惯起来，以免到时候猝不及防。在此意义上，他们把哲学看作一种思考死亡并且使自己对之习以为常的练习。

23

我相信，每个正常的人内心深处都有一点悲观主义，一生中有些时候难免会受人生虚无的飘忽感的侵袭。区别在于，有的人被悲观主义的阴影笼罩住了，失却了行动的力量；有的人则以行动抵御悲观主义，为生命争得了或大或小的地盘。悲观主义在理论上是驳不倒的，但生命的实践能消除它的毒害。

24

一辆卡车朝悬崖猛冲。

“刹车！”乘客惊呼。

司机回过头来，笑着说：“你们不是想逃避死吗？在这人间，谁也逃不脱一死。要逃避死，只有离开人间。跟我去吧！”

卡车跌下悬崖。我醒来了，若有所悟。

25

死是荒谬的，但永生也是荒谬的：你将在这个终有一天熟透了的世界上永远活下去，太阳下不再有新的事物，生活中不再有新的诱惑，而你必须永远忍受这无休止的单调。这是人生的大二律背反。

26

波伏瓦的《人总是要死的》想说明什么呢？是的，不死也是荒谬的。没有死，就没有爱和激情，没有冒险和悲剧，没有欢乐和痛苦，没有生命的魅力。总之，没有死，就没有了生的意义。

最终剥夺了生的意义的死，一度又是它赋予了生的意义。

然而，欲取先予，最终还是剥夺了。

27

肉体渐渐衰老，灵魂厌恶这衰老的肉体，弃之而走。这时候，死是值得欢迎的了。

可是，肉体衰老岂非一件荒谬的事？

28

健康的胃不会厌倦进食，健康的肺不会厌倦呼吸，健康的肉体不会厌倦做爱。总之，健全的生命本能不会厌倦日复一日重复的生命活动。我以此论据反驳了所谓永生的厌倦。只要同时赋予不衰的生命力，永生是值得向往的。所谓永生与寂灭的二律背反，也许不过是终将寂灭的人的自我慰藉。

29

生命是残酷无情的，它本能地厌恶衰老和死亡。当衰老和死亡尚未落到我们自己头上时，我们对于别人包括亲友的衰老和死亡会同情一时，但不会永久哀伤，生命本身催促我们越过它们而前进。因此，当我们自己年老和垂死时，我们理应以宿命的态度忍受孤独，不要去嫉妒和打搅年轻一代的生命欢乐。

30

各种各样的会议，讨论着种种人间事务。我忽发奇想：倘若让亡灵们开会，它们会发怎样的议论？一定比我们超脱豁达。如果让每人都死一次，也许人人会变得像个哲学家。但是，死而复活，死就不成其为死，那一点彻悟又不会有了。

31

屠格涅夫年老时写道:“当我临死的时候,倘若我还能够思想的话,我将想些什么呢? ”回忆,忏悔,恐惧,懊伤? “不……我以为,我将努力不去想——将勉强去思索某些无稽的琐事,为了只从眼前深邃可怕的黑暗里,引开自己的注意。”

真聪明。不知他是否实行了计划。再伟大的作家,也无法为人类留下他临死时思想活动的记录,这毕竟是件可惜的事。

32

假如我能预知我的死期,到时候我一定不让爱我的人觉察,我要和她一起度过一些最轻松愉快的时光,然后悄悄离开,独自死去。我相信,使我能够忍受生命的终结的东西不是他人对我的爱和关怀,而是我对他人的爱和关怀。对于一个即将死去的人来说,自己即将不存在,已不值得关心,唯一的寄托是自己所爱的并且将继续活下去的人。

33

没有一个死去的人能把他死前片刻之间的思想和感觉告诉活着的人。但是,他一旦做到这一点,那思想和感觉大约也是很平常的,给不了人深刻印象。不说出来,反倒保持了一种神秘的魅力。

34

一个人处在巨大的自然灾难之中,面临着死亡的威胁,譬如爱伦·坡所描写的那个老头被卷入大旋涡底的时候,再来回想社会的沉浮(假如当时他有力量回想的话),就会觉得那是多么空泛,多么微不足道。

据说,临终的人容易宽恕一切。我想这并非因为他突然良心发现的缘故,而是因为在绝对的虚无面前,一切琐屑的往事对于他都真正无所谓了。

35

死是哲学、宗教和艺术的共同背景。在死的阴郁的背景下,哲学思索人生,宗教超脱人生,艺术眷恋人生。

美感骨子里是忧郁,崇高感骨子里是恐惧。前者是有限者对有限者的哀怜,后者是有限者对无限者的敬畏。死仍然是共同的背景。

时间和永恒

1

人生的秘密尽在时间，在时间的魔法和骗术，也在时间的真相和实质。时间把种种妙趣赐给人生：回忆，幻想，希望，遗忘……人生是过于依赖时间了，但时间本身又是不折不扣的虚无，是绝对的重复，是人心的一个虚构。哲学中没有比这更难解开的鬼结了。

2

我的一切都存在时间那里，花掉了不少，还剩下一些，可都是支取的同时就花掉，手上什么也没有。

3

有时候，我觉得我已经活了很久很久，我的记忆是一座复杂的迷宫。有时候，我又觉得我的生活昨天才开始，我的记忆是一片空白。我知道，这种矛盾的感觉会延续到生命的终结。

记忆是我们体悟时间的唯一手段，可是谁能够从记忆中找出时间的刻度呢？

4

假如一个人不知道自己的年龄，他能否根据头脑里积累的印象来判断这个年龄呢？几乎不可能。有的人活了很久，印象少得可怜。有的人还年轻，印象却很丰富了。如此看来，寿数实在是无稽的。我比你年轻十岁，假定我们将在同日死，即我比你短十年寿。但此时此刻，我心灵中的体验和大脑中的印象比你丰富得多，你那多活了的十年对于你又有什么意义呢？它们甚至连记忆也不是，因为抽象的绝对时间是无法感受因而也无法记忆的，我们只能记住事件和印象。于是，只剩下了一个“多活十年”或“早生十年”的空洞的观念。

难怪柏格森要谈“绵延的自我”，难怪克尔恺郭尔要谈“存在的瞬间”。

5

每当经过我居住过的房屋或就读过的学校，我总忍不住想走进去，看看从前的那个我是否还在那里。从那时到现在，我到过许多地方，有过许多遭遇，可是这一切会不会是幻觉呢？也许，我仍然是那个我，只不过走了一会儿神？也许，根本没有时间，只有许多个我同时存在，说不定会在哪里突然相遇？

总有一天，我要对时间的魔幻作用做出哲学的解说，如不能，就做出文学的描述。

6

我想起一连串往事。我知道它们是我的往事，现在的我与那时的我是同一个我。但我知道这一点，并非靠直接的记忆，而是靠对记忆的记忆，记忆的无限次乘方。记忆不断重复，成了信念，可是离真实事件愈来愈远，愈来愈间接了。自我的统一性包含着这种间接性的骗局。

7

当我们回忆往事的时候，心灵中总是会出现自己的形象，我们看见自己在某个情境中做某件事。可是，我们真实的眼睛是看不见自己的形象的。那看见自己的形象的眼睛早已不是我们自己的真实的眼睛，而是代表着愿望和舆论的虚构的见证。

记忆是一种加工。一件往事经过不断回忆，也就是经过不断加工，早已面目全非了。

8

少年人前面的光阴和老年人背后的光阴长度大致相等。但是，少年人往往觉得前面有无限的光阴，老年人却觉得背后的光阴十分有限。

9

年轻人没有什么可回忆，于是就展望。老年人没有什么可展望，于是就回忆。

10

逝去的事件往往在回忆中获得了一种当时并不具备的意义，这是时间的魔力之一。

11

年龄就像面孔一样，自己是看不到的，必须照镜子，照见了的也只是一种外在的东西。

我不接受年龄就像有时不接受我的面孔一样。

12

历史是民族的记忆。民族和人一样，只记住自己愿意记住的事情。

13

无数岁月消失在无底的黑暗中了。可是，我们竟把我们可怜的手电灯光照及的那一小截区域称作历史。

14

人生的每一个瞬间都是独特的重复。

15

时间就是生命，时间是我们的全部所有。谁都不愿意时间飞速流逝，一下子就到达生命的终点。可是大家似乎又都在“消磨”时间，也就是说，想办法把时间打发掉。如此宝贵的时间似乎又是一个极其可怕的东西，因而人们要用种种娱乐、闲谈、杂务隔开自己与时间，使自己不至于直接面对这空无所有而又确实在流逝着的时间。

16

我时刻听见时间的流逝声。这使我与自己的任何眼前经历保持了一段距离，即使在情绪最亢奋时，也对自己的痛苦和欢乐持一种半嘲讽、半悲悯的态度。我既沉溺，又超脱。我常常大悲大欢，但在欢乐时会忽生悲凉，在痛苦时又有所慰藉。我的灵魂不是居于肉体之中，而是凌驾肉体之上，俯视这肉体的遭际。我降生得不完全，有一半留在天堂，于是这另一半也就不能在尘世安居，常常落入地狱。

17

人类为何要执拗地寻求一种超越时间和空间的本体（梵、太一、道、理念……）呢？为了摆脱自我的局限性。正是在时间和空间中，人的个体生命的存在才显出了它的渺小和空幻。

18

人生活在时间和空间的交叉点上，向两个方向瞻望永恒，得到的却永远只是瞬息。

19

希腊人有瞬时，中世纪人有永恒。现代人既没有瞬时，也没有永恒，他生活在两者的交接点上——生活在时间中。

瞬时和永恒都是非时间、超时间的。时间存在于两者的关系之中。

20

有两种还原。

每一个当下的生命状态都是独一无二、不可重复的，但是人却要把它们削齐拉平，整理归类，还原为无个性的概念。结果是扼杀了这些独特的生命状态。

另一种还原正是出于对独特的生命状态的珍视，既然每一个当下的生命状态都会消逝，而人无论如何不愿失去它们，于是竭力要把它们与某种终极价值联系起来。

科学上的还原是把瞬时平均化，哲学上的还原是把瞬时永恒化。

21

人有两种冲动。一种是审美的冲动，陶醉于当下瞬时的独特感受。一种是形而上的冲动，渴望永恒。每一个大哲学家、大艺术家的伟大就在于，以一种独特的方式沟通了这两种冲动。

每一个当下的生命状态的意义就在于其不可重复性，但人还是要寻求一种使这一切不可重复的个别状态不致失落的恒在的意义。正因为珍惜瞬时，一心挽住瞬时，人才渴求永恒。

然而，瞬时不可挽留，永恒不可企及，这是艺术与哲学的共同悲哀。

22

思得永恒和不思永恒的人都是幸福的。不幸的是那些思而不得的人。

但是，一个寻找终极价值而终于没有找到的人，他真的一无所获吗？至少，他获得了超越一切相对价值的眼光和心境，不会再陷入琐屑的烦恼和平庸的忧患之中。

不问终极价值的价值哲学只是庸人哲学。

23

“超越”一词用得愈来愈滥了。其实，按其本义，“超越”是指摆脱人类的根本局限性，达于永恒和绝对。可见，只有在宗教和艺术的幻想中，才可认真谈“超越”。在现实中，只能谈“超脱”，即彻悟人类的根本局限性，对暂时和相对的人生遭际保持心理距离。

24

一切复活都在回忆中，一切超越都在想象中。